漢傳佛教的療癒之道

梅靜軒 著

漢傳佛教醫學的
精神財富

一、印度佛教醫藥文化

　　印度醫學源遠流長，在佛陀時代已形成某種體系性的醫學理論，後來集結為《遮羅迦集》、《妙聞集》、《八支集》三大阿育吠陀（Āyur-veda）醫書。佛教經典與戒律當中對於印度醫藥學說多所映現；然而，有學者指出佛教典籍的醫藥知識表述僅為涉及醫學的文獻資料，不能算是印度醫學的專門著述。這是就狹義的醫學界說而言，從廣義的視角來看，印度人視一切諸苦即是「病」，佛教關於身、心、靈全人健康的義理與實踐，及其與世俗醫學的整合方式，是值得探索的「佛教醫學」體系。

　　早期佛教傾向解脫涅槃的追求，專志獻身於戒

定慧三學，不鼓勵出家行者從事醫方治病的活動，以免妨礙佛法道業的進修。儘管如此，基本的醫學原理與普通的藥物知識已進入常民生活世界，也為僧眾所習知，佛教文獻裡面因而呈現諸多醫藥與養生記述。佛陀常用良醫治病來譬喻佛法的教導。飲食、衣服、臥具、醫藥是白衣居士對出家僧團提供的四事供養。出家戒律甚至開闢專門章節規範涉及疾病療治的藥物與飲食，顯示僧團有其慣常的醫療實務。大乘佛教菩薩道在佛智覺證之外更強調慈悲濟世，菩薩行者福慧雙修，必須掌握內明（佛學）、因明（論理學）、聲明（語言學）、醫方明（醫學）、工巧明（工藝技術）等種種利益有情的學問。以佛法治心，借醫學治身，使人達致身心總體安樂。

二、中華佛教醫學寶庫

　　中國醫學同樣歷經久遠的智慧與經驗積累，早在漢代就出現過一個高峰，《黃帝內經》、《傷寒論》、《神農本草經》等書成為後世醫藥學養的重要參考資源。歷代醫界賢哲以其精研深思與臨床經驗不斷豐富中華醫藥的學識寶庫。佛教傳入漢地，更引進一批印度佛醫文獻與宗教療治技術，拓展中國醫學的視野與實踐。隋代巢元方等所編《諸病源候論》、唐代醫聖孫思邈所著《備急千金要方》，還有各個朝代不少醫家都從佛門醫方獲致特殊啟發。漢傳大乘佛教並不排斥僧人的醫藥素養及借醫弘法的菩薩行履，僧傳中不乏以醫術救人的事跡。中華傳統養生身心技術也參考和融入許多佛醫文化元素。

　　少林寺方丈釋永信與佛醫研究專家李良松聯袂

主編《中國佛教醫藥全書》的百卷本大型叢書，分
為「佛經醫論」、「涉醫佛經」、「僧人醫著」、
「居士醫著」四部分，收錄內容及於各類佛醫文獻
三千多部，足證漢傳佛教醫學所累積的豐碩成果。
李良松又主編《中華佛藏醫藥全集》六鉅冊，系統
匯聚漢文佛教藏經中的醫藥文獻資料，甚為可觀。
「佛教醫學」著眼於身、心、靈各個維度的健康指
導，對世俗醫學側重生理面的療治取向能有所補
益，尋求全面性、根源性地消解生命存在眾苦。佛
陀與古德遺贈吾人如此瑰麗的佛醫精神財富，值得
進行深度的理論發掘與實用研討。

三、佛門身心醫療地圖

梅靜軒博士這本《漢傳佛教的療癒之道》是中
國佛教醫學的一本優質入門書，自佛典醫療、佛法

觀病、佛門仁醫、寺院療病、法的藥方等五個視角對佛門醫藥文化給出較寬面向的介紹，使得不具相關佛教文化與醫藥知識背景的讀者都能輕鬆閱讀此書，作為了解佛教醫學的敲門磚。

　　「佛典醫療」概述佛教經典與律典中的重要醫藥文化與養生觀念，簡明扼要。「佛法觀病」論說人類之四大五蘊的身心構成、十二因緣的生命循環，及各類疾病的成因與診治，屬於深層的佛門醫學原理。佛教醫學的理論思惟強調使身心要素歸於均衡；較為特殊者為業病、鬼魔病的宗教療法。「佛門仁醫」列舉六朝、隋唐時代僧人的行醫活動，及宋代到明清時期佛門僧俗的醫道觀點與醫事成就，藉以顯示佛教與醫學的互動關係。「寺院療病」說明寺院在醫療方面的慈善公益事業，如收容傳染病患、施捨醫藥等；以及少林寺禪武醫道、竹林寺女科診療的特色發展。最後「法的藥方」舉示

懺悔療法、藥師經懺療法、正念療法等佛教法門的
身心療癒功用。此處「正念療法」意指應用智慧禪
觀所得的身心調暢效用，有別於當今盛行於西方那
種淡化佛教色彩的正念禪修。

　　這本以漢傳佛教寺院醫學為主題的小書猶如一
幅指引地圖，本人樂予推薦。對於了解中國佛教醫
學這個領域，有助首度接觸者建立鳥瞰式的圖景，
想繼續深入者亦可藉以開發研究方向。

黃國清

南華大學宗教學研究所副教授
兼唯識學研究中心主任

佛教醫學概說

何謂佛教醫學

　　「佛教醫學」是佛學研究中的一個新興領域，也可被歸類在人文醫學的範疇下。這領域嘗試探究與生、老、病、死息息相關的各種問題。無論是從教義思維、經典解讀、宗教實踐或社會文化等面向切入，分析與面對生死、疾病治療有關的一切。

　　漢傳佛教指的是以漢譯佛典、教法戒律、註疏文獻、儀軌典章制度等為依據，並遵循此傳統修持的僧俗二眾所共同孕育出的漢傳佛教文化。廣泛地來說，整個東亞佛教文化圈都歸屬於此範圍。

　　相較之下，七世紀在青康藏高原上所發展出的西藏佛教起步較晚。漢傳佛教和西藏佛教兩者的分

歧之一，在於寺院教育制度的運作。藏醫（僧醫）
是至今仍然存在的活傳統，也是標誌著西藏佛教文
化的重要特徵。因為現代僧俗藏醫仍是藏人社群中
提供醫療服務的重要來源，而漢傳佛教傳統下的佛
教醫學研究並不涉及臨床應用目的，所以本書所談
的佛教醫學，比較單純地屬於文獻梳理性質，或者
說是對中國歷來傳譯的佛教醫療知識與實踐的一種
考古研究。

　　從古至今，無人能逃脫死神的羅網。死亡，
是所有人類共同的永恆課題。疾病也從來不只是
肉體細胞的變異、腐朽；疾病所牽動的不安煩惱，
是更巨大的難關。佛法並非萬靈丹，卻可以是一帖
解藥，解答了生、老、病、死，解答了困頓無常，
解答了緣起、生滅。因為法藥的洗禮，人生可以闊
達，可以寧靜致遠、寂靜安詳。

佛教醫學知識來源

　　傳統認為大約在一世紀左右，佛教在東漢明帝時傳入東土。佛教從印度發源，穿越了高山峻嶺、中亞草原沙漠，沿著絲路經歷了數個不同的語言文化區域，輾轉進入了中國文化圈。有學者認為印度傳統醫學知識，也藉由佛教的境外傳播擴及東亞。經典文本在被傳播、轉譯的過程中，不可免地融入了地方特色，也豐富了教法的內涵與應用範圍。因此從佛典漢譯的角度，也讓我們觀察到了中印文化交流的一面。

　　漢語藏經中除了收錄漢譯經典、律典，以及印度祖師的註解論著，也收錄了中國祖師的著作。從經錄一類的文獻中，我們可大致管窺歷代的譯經目錄，例如梁僧祐的《出三藏記集》、北齊彥琮的《眾經目錄》，以及唐代智昇的《開元釋教錄》

等。而《開元釋教錄》也成為後來藏經的雕本開刻
依據。隋、唐時期開始出現的「大藏經」一詞,用
來指佛教經、律、論三藏的集成,當時以寫本形式
流通。直到宋代刻版與印刷術的發達,才促成了中
國最早的一部刊刻三藏。這部藏經於北宋開寶四年
(971)在四川成都開刻,歷時十餘年才完成,史稱
《開寶藏》,或稱蜀版。之後的遼、金、元、明、
清歷代,都有刊刻印刷藏經的紀錄。不同版本的藏
經收錄的文獻內容,或多或少有些差異,而當代拜
數位資源與技術的進步,如今藏經遍布在雲端、在
指間,隨手可得。

　　上述簡要回顧漢譯藏經的成立過程與現況,這
些都是我們在檢視漢傳佛教的知識建構與發展過程
時,所必備的背景訊息,也是我們探索佛教醫學主
題時,主要的使用文獻範圍。

　　佛法浩瀚如海,三藏中有多少與佛教醫學主題

相關的教法呢？因為這牽涉到佛教醫學的定義，目前尚無現成的標準來衡量篩選。我們或許可以嘗試先從經典文本、教義思想、佛門人物、寺院機構、佛法實踐等不同面向來探討。透過經典與教義的梳理，我們將能對生死、對疾病的本質有一種法的觀察視角，進而掌握形色變異之苦的消解之道。又從佛教實踐角度來說，關注醫療有助於我們了解過去佛教僧俗修行者與社群之間，共同面對各種疾病的方式與努力。

佛教醫學面面觀

　　雖說命在旦夕、呼吸之間，但對大多數人而言，生死多半不是一拍兩瞪眼的乾脆了當事。生命的無常，使得必死卻又不知何時會死的人生，充滿了變數與挑戰，忐忑與不安。老與病是橫亙在生死

之間的層層難關，細數下來都是椎心刺骨的痛，都
是血淚斑斑。人生是如此多舛，佛教醫學如何做為
一盞明燈，引領我們步向解脫的諦觀？

　　檢視藏經，於不同的部類經典中，我們可觀察
到別具特色的多元主題。在漢譯四部阿含中，大量
記錄了佛陀與弟子的對話、相處，以及教法傳授與
修持指引。以《雜阿含經》為例，其中收錄多部佛
陀探視殘疾弟子，並為之開導說法的短經。例如佛
陀為眼盲的阿那律尊者穿針，同時順勢應機，一語
道破尊者修持的盲點。數千年後的我們讀來，仍猶
如醍醐灌頂。世尊與弟子間的師徒關係，也讓人倍
感親切溫馨。大乘經典的敘事就更加地精彩，生動
萬分。

　　《大寶積經‧入胎藏會》中，佛陀善用各種譬
喻，詳盡地為難陀演說入胎因緣；在父精、母血、
意識會合條件下，胎卵長成人身的過程，以及處胎

狀態的困頓窘境，穢臭煎熬的事實。《入胎經》這
類的經文中，反映了佛教的胚胎學觀點，以及對人
身生理結構的基本認識。經文中整合四大、五蘊、
十二因緣的教義，兼具敘事與教化的功能。

　　佛教律典是出家僧人在團體生活中的儀式、作
法，以及食、衣、住、行等禮儀規範的重要參考。
其中特別是規範僧人用藥規範原則的〈藥犍度〉單
元，反映了佛教社群中，對於個人與團體的身心健
康、公共衛生的促進等，相當多「當為」與「不應
為」的尺度界線。

　　除了上述的閱讀角度外，佛典三藏當中不乏
對於生命本質、緣起存有、身心病因與療癒之道
的說明。透過文獻梳理，我們將可在理論與實踐兩
方面獲得較為清晰的脈絡，進而落實運用在個人修
持上。

　　此外，佛教醫學在中國的實踐，還可透過僧醫

個人或團體的醫護救助事業來觀察。所謂的僧醫是指具有僧人身分與醫療知識、技術，或者曾涉及醫療相關的翻譯、註解或撰寫醫書者。

　　宗教傳播過程中，醫療是一個重要的媒介。掌握病因的解釋和醫療技術，都有利於擴展宗教的影響力與世俗觀感。佛教僧侶在學習教義典籍的過程中，可能間接接觸到印度醫藥知識，或出家前已具備中醫知識，因此出現一群結合佛教與醫療背景的僧醫。三大僧傳中，就記錄了許多僧人行醫濟世的事蹟。

　　若以現代醫學分科的概念來說，這些僧人有的人擅長婦產科、眼科、皮膚科或內科等，也有人以神異的咒術、神藥解決饑饉疾病，或透過辟穀服餌以利禪修者，乃至能夠日行百里的神足者。

　　佛教寺院成為官方醫療設置區域外，人們尋求醫藥救助的場域。特別是在魏晉南北朝、隋唐

時期，有學者認為佛、道兩教成為醫學知識傳播的重要途徑。宗教醫療人士融合針灸、藥物與禁咒的使用，讓寺院空間不只是宗教修持的處所，也成為具備養生、藥材庫藏、養病坊等功能的醫療救助機構。在這方面，當數嵩山少林寺最負盛名。

　　六世紀左右，少林僧開始了習武的傳統，透過武術動態的身體訓練達到統合身心的功效，也活化淤滯的氣血使筋絡順暢。而習武打鬥過程中，不免有損傷的情況，於是衍生出跌打損傷的傷科治療醫方與技術。少林寺歷代武僧在禪修的基礎上，攝取了儒、道思想與傳統醫學，也充分利用山林豐富的藥材，以直觀的治療用藥經驗，逐漸累積出氣功、推拿與點穴等療法，成為少林禪武醫的特色傳統。

　　在實際修持與運用方面，中國佛教發展過程中，也積累了具療癒功能的實踐方法與儀軌展演。相信在臺灣的漢傳佛教信仰者，都或多或少參與過

拜懺類型的法會活動，如梁皇寶懺、慈悲三昧水
懺、地藏懺等。雖然懺悔自作的業行過失，在原始
佛典中就是常見的修持法，不過上述這些懺罪儀軌
通常是以大乘經典為依據，再加以編輯而成，所以
也帶有宗教療癒的作用。順著儀軌內容而隨文起
觀，行者在法師的帶領下，從事到理，由外到內，
對自己的業行做深刻反省檢討。也有助於日後對境
時，能更加謹慎思考因果，做出正確抉擇取捨。

　　除了懺悔療法，還有以安那般那念觀出入息的
運用、持佛名號的念佛療法，甚或是憶持陀羅尼咒
的禁咒療法。這些實修運用都有助於我們認識佛教
實踐與凡俗日常間的關係，了解佛教文化豐富的入
世、多元面向。

　　佛教醫學更重要的意義，則在於能將佛法教導
落實在生活中，使行持成為日常，以服食法藥為最
上乘的養生方。

Contents 目錄

導讀　漢傳佛教醫學的精神財富／黃國清　　003
前言　佛教醫學概說　　009

Chapter
1
佛典醫療

病中修持 ──《雜阿含經》教說　025
菩薩醫病 ── 初期大乘經典　035
僧人的日常 ── 律藏中的醫療　045

Chapter
2
佛法觀病

生命緣起與流轉　057
疾病成因　067
疾病診治　077

Chapter

3

佛門仁醫

六朝僧醫	091
隋唐僧醫	103
宋代佛門涉醫人物	114
明清佛門涉醫人物	128

Chapter

4

寺院療病

療養院與藥藏局	149
少林禪武醫	162
竹林女科	173

Chapter

5

法的藥方

懺悔療法	189
藥師經懺療法	199
正念療法	209

Chapter 1

佛典醫療

病中修持
——《雜阿含經》教說

　　在漢譯的《大藏經》中，蘊涵許多與疾病相關的知識，從病的定義、成因、治療方法，到面對痛苦的態度等，對於疾病的論說相當詳盡。我們可以透過《大藏經》，從宗教的角度來理解疾病，並找到面對疾病的應對之道。因此，在介紹漢傳佛教寺院醫學前，先依《大藏經》不同部類為主題，擇要介紹。

　　首先，在阿含部類的《雜阿含經》中，有不少與病相關主題的教說、開示。這些教法多數由佛陀親自解說，或由弟子轉述。在這些病相應經群中，聽受教法的主角，除了佛陀身邊的大弟子、長老和新學比丘外，也有在家的男眾居士——優婆塞。佛陀

根據不同特質、程度的弟子，因材施教，給予最適
用的教法。這些聽受教法的弟子、居士們在受到次
第明確的引導並思惟教義後，也都紛紛從原本悲苦
的身心狀態中，得到不同程度的解脫。類似的敘事
情節與教法內容，可見於阿含部類的其他經中，或
是不同語言的對應經。

病痛三譬喻

　　在這類與病相關的經群中，對於病痛的描述，
最為生動逼真的，莫過於《雜阿含經》的103經，
也就是差摩比丘的故事了。當時差摩比丘住在拘舍
彌國的跋陀梨園中，身得重病。消息傳到了附近瞿
師羅園的上座比丘們耳裡，長老比丘們很關心差摩
比丘的病況，便差遣陀娑比丘前往探視。103經的
後續經文，便是陀娑比丘帶著上座們的訊息，數次

往返於兩處林園中探病的故事情節。差摩比丘被問到病況如何時，回答說：「我的病一直好不了，弄得我焦躁不安，各式各樣的苦，排山倒海般迎面而來，一波強過一波。這苦該怎麼說呢？就好像幾個壯丁，抓著一個瘦弱的人，在他頭上繫緊繩子，同時再用力扭轉他的兩手。我現在身體的痛苦，相較之下，有過之而無不及。又譬如說屠夫殺牛，以利刃硬生生地切開牛腹，取出內臟。我現在的腹痛程度，甚至超過了那頭牛。再比如說兩個大力士抓著孱弱的人，將他吊在火堆之上，燒他的腳。我現在腳底灼熱的痛苦程度，也不亞於此……。」

像這樣從頭到腳，從體腔到四肢的三種劇苦譬喻，相信任誰讀來，都痛徹心扉，心有戚戚焉。在《雜阿含經》的其他經文中，當患病者被問到病苦多寡時，不外以「即說三種譬，如差摩（《叉摩經》）說」來表達受苦的程度。這麼具體、這麼

有畫面，讓我們猶如身歷其境的病痛，又該如何化解？

轉苦為道用

我們在許多經典中，都曾經看到這句話——「一時，佛在舍衛國祇樹給孤獨園」。祇樹給孤獨園可說是一個熱門的說法場景；而供養這座園林的給孤獨長者，是佛陀時代的一位大護法。有一次給孤獨長者生了重病，受苦不已，佛陀便在某日清晨到舍衛城乞食時，前往長者家中探視。尊者雖臥病在床，仍奮力掙扎著要起身迎接，此時，佛陀立即軟語勸慰：「長者勿起！增其苦患。」坐定後，便問長者病情，是否還能忍受？身體所受之苦是增還是減？長者回答：「甚苦！世尊！難可堪忍……苦受但增不損。」見長者這般深受病苦折磨，苦楚只

增不減的情況，佛陀便對長者開示，當學「四不壞淨」——「於佛不壞淨，於法、僧不壞淨，聖戒成就」。也就是說無論在何種艱難的情況下，對於佛、法、僧三寶的淨信都不毀壞，也不屈服於病痛引發的苦惱，而喪失對戒律持守的堅持。長者聽聞後，回覆世尊說：「是的，弟子一直以來都遵循著這四不壞淨的教法，不曾忘失、捨棄教法呢！」佛陀聽聞後也備感欣慰，並授記長者未來將得阿那含果位。

在《雜阿含經》的1030至1032經，也都同樣是關於給孤獨長者的病緣開示，不過出場人物略有變異。探視者分別為佛陀、阿難，以及舍利弗與阿難兩人一同前往瞻病。三則故事中，說法的內容雖略有差別，不過對居士說法的原則都在於「示、教、利、喜」，也就是開示法義，演說、教導修持，使白衣居士聞法後，能心生歡喜。除了四不壞淨

之外，較常見的開示內容還有觀五蘊——色、受、想、行、識的生滅無常。因如實了知五蘊身心的無常特性，便能於五蘊身心不起貪著的念想，又或者教導四念處、七覺支的觀修方法。綜合來說，以對三寶的淨信安定患病者內心，不受憂悲苦惱的情緒干擾，進而從增上戒學、增上定學、增上慧學的次第，漸次引導應機的行者，如是觀修身心緣起聚合、緣滅離散的無常本質。唯有透過佛法熏習，對五蘊身心進行如實諦觀，才能於病苦的難題上豁達瞭然，淡然以對。

波斯匿王減肥

對於現代人來說，病苦之外，肥胖也是許多人關心的問題。《雜阿含經》1150經中記載在千年之前，祇樹給孤獨園中也曾出現過一位深受肥胖困擾

的國王——波斯匿王。

　　有一天，波斯匿王汗流浹背地來見佛陀。他在行禮如儀地稽首佛足後，退在一旁，氣喘吁吁。佛陀對王說：「大王身體極肥盛。」波斯匿王承認了肥胖帶來的不便，更對佛陀直言：「常以此身極肥大故，慚恥厭苦。」佛陀便說了一首偈頌：「人當自繫念，每食知節量，是則諸受薄，安消而保壽。」意思是說，人在餐飲之時，應當自覺地繫念飲食有度，唯有節制食量，才能養生保壽。延伸來說，對於其他的一切資生之具，如食、衣、住、行各方面的消費，也應有所節制。乃至於人與人之間的往來，平淡的君子之交才是最棒的社交距離。淡然知足的節制欲望，也是確保人生自在的不二法則。

　　當時有一位少年名叫欝多羅，他也在場。波斯匿王詢問欝多羅，以後當他進食時，能否為他諷

誦佛陀的這首偈語做為提醒，並將賜與金錢、美食做為回報。欝多羅自然是歡喜地接受了這個任務。往後，一如約定，欝多羅常在國王進食前念誦著：「人當自繫念，每食知節量，是則諸受薄，安消而保壽。」不久之後，波斯匿王身形也逐漸消瘦，精神飽滿、容光煥發，他對於佛陀的教法也更加地歡喜信受。

從病苦解脫

這些《雜阿含經》的故事，無論是對於正在受病苦折磨的患者，或是身強體健（甚或過於肥胖）的人來說，應該都能有所啟發。我們可以從中發現，佛陀之所以被稱作「大醫王」，是因為他具備了一位醫者所應有的條件；也就是善知疾病的症狀、善於分析病源、善知治病的方法，以及確保疾

病痊癒的根治之道。

　　在善知病源方面，經典中歸納的病因，有基於內在的風、膽、津三種因素失衡所導致的疾病，也有因日常起居、時節變化等外在因素所引發的不適。在對治方法上，則提到了以塗藥、催吐、下瀉、灌鼻、熏香、逼汗等外治法。這些訊息以今日醫療標準看來，或許微不足道，不過卻是我們了解古印度醫療實踐的一個管道。

　　以良醫為譬喻，佛陀在開導教化眾生的事業上，也有對應的四個面向，分別為如實知苦聖諦、如實知苦集聖諦、如實知苦滅聖諦、如實知苦滅道跡聖諦。這在《雜阿含經》的389經中，被總結稱為「良醫四法」與「如來四德」。

　　在《雜阿含經》中，可以看到佛陀應機說法、因材施教的特色。佛陀做為教化者，善於觀察聽法對象的身心狀態，適時給予合適的方法，並漸次地

引導修持。這種質樸的說法形式，引導行者思惟並
觀察身心的變化。對於身心存有的本質，能夠直指
核心，也因此確保了趨向解脫的可能性。對於在家
居士而言，淨信三寶與持守戒律是做為佛弟子的根
本。從行持的角度來說，即便是肥胖也能成為修行
的契機。波斯匿王減肥的故事，便在提醒著我們，
不要放棄任何可以修行的機會；面對欲望時能夠有
所節制，就是修行的起步。

菩薩醫病
——初期大乘經典

　　菩薩如何應病與藥療癒眾生？菩薩療癒眾生的實踐，又在菩薩道的歷練中具有什麼意義呢？

　　在初期大乘經典中，有許多精彩動人的菩薩療癒眾生的故事，「善財童子五十三參」可以做為代表的範例。在《華嚴經》的〈入法界品〉中，善財童子得到文殊師利菩薩的指引啟程南行，前往勝樂國中的妙峰山尋訪德雲比丘。他遊歷百餘座城市，參訪了五十三位善知識，念茲在茲探尋的一個核心問題是：發起菩提心之後，該如何學菩薩行、修菩薩道、圓滿普賢行？

　　善財童子所參訪的五十三位善知識包括比丘、比丘尼、長者、童子、童女、天神、菩薩等，這些

善知識各有所長與成就的境界；但同時，他們也都
清楚自己的不足之處。因此，在與善財童子分享自
身修持的經驗之後，都分別推薦下一位善知識。參
訪善知識的歷程，反映的是菩薩所需具備的特質，
也就是《華嚴經》所要闡釋的菩薩十住、十行、十
迴向、十地圓滿，以及等覺、妙覺的修持歷練。為
了度化眾生，菩薩道的實踐場域，無所不在。

行醫救濟之道

　　據經文所述，善財童子曾啟問普眼長者：「菩
薩道的修學該如何進行？」普眼長者回答道：「我
過去曾在文殊師利菩薩座下，學習了如何觀察病
的起源、如何配置殊勝絕妙的藥方，並且熟知各種
香的特色、功用，因此對於眾生的種種病狀，都能
救度治療。」長者並就此說明身體不適、痛苦的原

因，可能是內在的風、黃痰、熱的不協調；或是外在的鬼魅、蠱毒，甚至風、火等自然災害所導致，細說無量無邊的病況。他所修習的療癒法，可以清楚正確地判斷病情，施予對應的藥方，如法治療。一一消除眾生的不適症狀，讓他們得到安樂。長者勉勵善財說：「這樣的法門，你也應當修學。」

　　善財疑惑地說：「我想問菩薩修行的妙法，為何卻告訴我這麼世俗的醫療法？」長者因此指出菩薩道最初的修持，最大的障礙就是疾病。身體如果不健康，心便不能安。心不安又如何修行？因此修持菩薩道，應從身體的保健開始，擁有健壯的身體，才能確保修行之路，也才能利益他人。

　　普眼長者詳細解說所熟知的醫療修持，讓人得以了解佛教對疾病的分類與醫治原則。治療疾病第一步，要審慎觀察各種疾病的起因。緣由的千差萬別，會導致無量無邊的症狀。簡單來說，眾生的

身體是由地、水、火、風四大和合所成，也就是所謂的四大身。從這四大身，產生四種病的分類：身病、心病、客病、俱有病。

所謂的「身病」，是因風、黃痰、熱三種因素（簡稱三因）的不協調所造成。「心病」主要是指心煩意亂的各種煩惱。客病是指外在因素，如刀、槍、棍、棒等所造成的外傷，或是過度勞動所引起的肢體疲累。「俱有病」則是指生物本能的需求，如寒、熱、飢、渴等感受，或是苦、樂、憂、喜等情緒起伏。這些因素輾轉交互作用，使得眾生身心備受痛楚。

另一方面，人身又具備五種特性，即堅、濕、煖、動、虛空。身體骨骼、指甲等堅硬的組成屬於「地大」；血液、體液組織等濕潤成分是「水大」；所有的熱能皆為「火大」；流動的氣息為「風大」；而身上所有的孔竅縫隙為「空大」。這

些空間不僅是前四大存在的處所，也是身內毛蟲聚集的所在。

　　經典中對於人身的組成，經常譬喻為像是陶藝師在一個彩繪精美的瓶中，盛滿汙穢之物一般；或是愚昧凡夫，將四條蛇裝在一個竹篋中那樣。我們這四大和合所成之身，任一大不調，便引起百餘種病。因此，有智慧的人應如是觀察：無論是肉身，或是肉身所處的外境，皆是四大因緣，再加上業力牽引所聚合而成。因緣變異流動，無恆常不變的本質。

　　觸動疾病的因素，又可從幾個不同面向來說。在時節因緣方面，一年之間可區分為六時，即春時、熱時、雨時、秋時、寒時、雪時。不同的時節，有容易引動的病情，例如春雪時，痰癊病易發；熱雨之際，風病易生；秋寒時節，黃熱易增。而在飲食方面，要知足知量，並衡量自己年紀，勞

逸之間，也要自我審察，量力而為。

　　普眼長者面對來自十方的病患求醫，在審慎觀察後，依病狀的輕重給予合宜的湯藥，不分富貴貧賤，一律平等地加以救治，直到病痛完全消除。他甚至會贈與患者各種飲食、瓔珞莊嚴之具，滿足所願之後，再因材施教、應機說法，使其永斷心病煩惱。例如，對於貪欲熾盛者，教導不淨觀，即觀察身體、覺受、心念與萬法的變異遷流，敗壞無常；對於瞋恚易怒者，施以慈悲、憐憫關照他人的用心；對於愚癡者，教示各種緣起，法相差別；至於貪、瞋、癡煩惱無一不缺的大眾，則伺機教導，隨說分由。透過財施、法施雙管齊下，使來求醫者，藥到病除，心開意解，歡喜離去。

　　醫療之外，普眼長者還擅長調香法。對於檀香、沉香、栴檀香等各種香材的出處、功能與效力，乃至調配方法，無不了知。具備這些知識，對

於修行又有什麼作用呢？原來，長者燃香供佛，發願救護一切眾生、嚴淨一切佛國剎土，並供養一切如來。燃起一香，隨之生出無量香，遍滿十方一切法界。於一切如來道場中，再化為各種香的宮殿、垣牆、樓閣、欄楯、門戶、窗牖、羅網、光明、雲雨、香幡、香蓋，處處充滿。極淨微妙之香的世界，於是成就。以此供養，令一切眾生，普見諸佛，承事供養。這便是長者所擅長的，令眾生普見諸佛歡喜法門。

　　善財童子的求法之旅，對於學佛具有什麼意義呢？該如何解讀這一段又一段與法相遇的歷程？

　　經典中，善財所參訪的善知識，身分眾多，他們所實踐的利生事業，也是千差萬別，但這並非要大家都一一地去學醫、學調香之法等。故事的主題在於指出，世間無處不是菩薩道場。我們日常所面對各形各色的人物，可能都是菩薩的示現。若能善

於觀察，便可從他人的作為上，覺察到菩薩悲憫之情，恭敬一切眾生，隨喜一切善行。回歸自身，每個人所學的專業，所從事的各行各業，也都是我們最佳的實踐場域，是法的實驗室。

在醫療的主題上，上述的《華嚴經》經文內容反映的是印度佛教醫學的特色，也可說是印度佛教身體觀的具體展現。三因、四大和諧，加以在飲食、起居方面，若能順應時節，則身康體健，神清氣爽。反之，則百病叢生，破敗衰相，一一浮現。就像被推倒的骨牌，一旦牽動因緣，便將順勢傾壞、崩跌。

順應時節的養生之道

善財參訪善知識的旅程，映射出佛教對疾病，乃至對時空的理解與相應的態度。順應時節的觀

念，在另一部初期大乘經典——《金光明經》，經中也有詳細解說。《金光明經》的〈除病品〉，透過流水與他父親持水長者的對答，強調了佛教醫學中，隨順時節因緣的養生原則。故事的背景是，流水在疫病流行之際，一方面考慮善於醫方的父親已年邁，舟車往返，醫治眾人，恐怕極為疲乏；另一方面又不忍眾生重病無望的困局，因而決定向父親學習治病的醫方祕術，代父行醫。

　　流水以四首偈頌，提問了幾個問題；像是四大肉身是如何逐漸衰敗？飲食起居該注意什麼？三因與綜合症狀的出現，該如何分別治療？促成發作與時節之間的關係，又是如何？長者逐一回應這些問題，對於不同時節的各種症狀，以及所相應的合宜飲食，也分別說明，並教導了補益、催吐、下瀉等的治療法。流水得到父親的傳授後，走訪國內，足跡遍布各大城邑聚落，醫治救度了無數受病苦折磨

的眾人。

　　流水的故事，是釋迦牟尼佛在因地，諸多菩薩
道修持的經歷之一。無論是佛陀的本生故事，或是
善財童子的參訪求法，無一不是我們效法學習的典
範。菩薩道的旅程，不在他方，就在我們腳下。

僧人的日常
——律藏中的醫療

　　佛教律藏是出家僧人在團體生活中的儀式、作法，以及食、衣、住、行等禮儀規範的重要根據。佛陀在世時所宣說的教法開示，以及所規範的行為，日後被佛弟子結集，成為經藏與律藏。

　　律藏當中的內容並非憑空而來，而是「隨犯隨制」。也就是說，佛弟子們的日常行為中，若出現糾紛、驚擾他人等或大或小的「事件」後，相關的規定才會出現。戒條制訂的前提，對內在維護僧眾團體生活、作息的和諧，以確保大眾能安心辦道，安住在修持上。對外則避免在家居士的困擾、譏嫌，凡可能損害僧眾形象的行為，便被一一限制。

　　隨著時空轉變，後人對於戒條與規約的解釋

也逐漸有不同的看法。傳入中國後的漢譯律典有
五種，即所謂的《四分律》、《十誦律》、《摩訶
僧祇律》、《五分律》、《根本說一切有部律》。
這五部一般統稱為廣律。每部律中都可以略分為兩
類，即出家僧尼的戒條，以及團體生活的制度規
範。根據所違犯的情節輕重有不同的處置，如最重
的波羅夷罪，次之為僧殘、不定等。

〈藥犍度〉的僧團生活規範

有關於教團生活起居的規定，依性質區分稱
之為「犍度」。犍度，梵語為skandha，意思是分
類彙編，將同性質的條約匯集。以在中國流傳最廣
的《四分律》為例，其中有二十種類型或主題，如
受戒、說戒、安居、自恣等。其中與醫藥相關的細
則，被集中規範在〈藥犍度〉當中，部分事例也可

見於〈衣犍度〉中。

　　道宣律師（596－667）是隋唐時期弘傳四分律學的大師，師承智首律師（567－635），精勤於律典的註解釋文，被奉為律宗第九代祖師。他長年隱居終南山，有關律學的著作日後被稱為「南山三大部」，即《四分律刪繁補闕行事鈔》（簡稱《行事鈔》）、《四分律刪補隨機羯磨疏》、《四分律比丘含注戒本疏》；或加上《四分律拾毗尼義鈔》、《四分比丘尼鈔》合稱為「南山五大部」。《行事鈔》中的〈四藥受淨篇〉是道宣律師綜合、參考諸律典，如《律二十二明了論》、《摩訶僧祇律》、《毘尼母論》等當中用藥原則，並考慮中國人的飲食習慣所做的總結紀錄。

律典中的四藥

所謂的四藥，是指時藥、非時藥（更藥）、七日藥與盡形壽藥。雖然不同的律典對四藥的內容描述存在著差異，不過此四種分類在律典中是一致的。一般而言，此四藥是以被允許食用的時間來區分。時藥是在早、午餐間食用；非時藥是指午餐之後的湯、汁、藥飲；後二者則是留存七日內食用或一生皆可用的藥食。

《四分律》中列舉的「時藥」，有麨、飯、乾飯、魚、肉。《摩訶僧祇律》則指向根莖類植物，如蔓菁根、葱根、藕根、蘿蔔根、治毒草根。道宣律師明確表達不應食肉的態度。在《量處輕重儀》中，他將時藥解釋為米、麵、醬豉、麴菜，反應了中國人的飲食習慣。非時漿汁泛指穀物、果汁等清澈的液態飲料。

　　「七日藥」通常是指酥油、生酥、糖漿、蜜、石蜜等。《摩訶僧祇律》增加了動物脂肪一類。限制在七日內食用是為防止僧眾對酥、蜜這類美味食品產生貪著，進而積聚、收藏，引發譏嫌。這個規約的制訂，據說與一位名叫畢陵伽婆蹉的僧人有關。相傳他在房舍中各種大大小小的容器內，盛滿、蓄藏了酥油、生酥這一類的食物，導致房內臭氣沖天。當時有居士見到這種種的穢臭不淨，不免嫌惡地批評：「沙門釋子不是自稱修行人嗎？看看這，簡直是貪得無厭。存了這麼多過期的食物、藥品，這跟瓶沙王的倉庫又有什麼分別呢？」當時的比丘僧中，有少欲知足的頭陀行者也看不下去了，便訶責畢陵伽婆蹉。但他依然我行我素，無法可管。因此這些頭陀比丘便將此事稟白佛陀。於是，佛陀以此因緣，召集大眾，訶斥了畢陵伽婆蹉一番，並訂下七日服用的限制。

「盡形藥」的「形」，可從三方面解釋：一
盡藥形，二盡病形，三盡報形。舉凡不能當作主食
的調味藥草，皆可終身服用。而同一種食材，因處
置方式不同，也會成為相異的藥類，如甘蔗是「時
藥」、甘蔗汁為「非時藥」，若萃取成蜜則為「七
日藥」，若燒成灰則為「盡形壽藥」。同樣的原
則，也可運用在肉、胡麻、酥等食材上。

藥的定義

《根本薩婆多部律攝》卷8對四藥的具體內容，
有詳細說明，比如可做為時藥的五正食；更藥類的
八種漿與六種醋；七日藥的酥油、砂糖與蜜；盡
壽藥類的五種黏藥、煎灰藥、鹽藥以及澀物藥等。
至於麥、飯、餅之類的日常主食，為何也被稱作藥
呢？律典中說：「病有二種：一、主病；二、客

病。由此常應於食噉時作療病想，然後方食。」因此，廣義的藥，包括了所有食物，用來止飢療渴；狹義的藥，才是專指治療身體病痛的藥物。另外，在病痛違緣的情況下，有些原本戒律所遮止的行為、食物也都得以開緣，例如藥酒、肉食等。

　　除了關於藥石的規範，《行事鈔》的〈瞻病送終篇〉也講述了探望病人與送終時，應留意的細節。出於慈悲，在周遭有病人的情況下，應優先照看病人，且為他求助醫藥、提供最佳的外援協助。探病時應軟語安慰，解說佛法破其心病。臨終前在病床邊講述其一生所做善事，令其心生歡喜，無憂，勸發求生佛國淨土之心。葬禮與身後事的處理，以簡約莊重為原則。

　　道宣律師在《量處輕重儀》中，則討論了僧人往生後的遺物處理原則。所謂的輕重，是在區別遺物的重要性，判斷應該歸屬常住共有，或者可與

個別僧眾結緣的處置。其中也談到關於藥品、醫療器具的分配；例如凡種植於僧團田園的果樹、植物等，包括「四藥」，必須由常住共享。治病所需的器具，如鍼、灸、刀、角槌等，或本草、經脈、針灸方面的醫書，也都應歸公有。盡形壽藥的部分，若已經炮製、烹煮，或者有過多的殘藥時，則可分予個人。

　　從〈藥犍度〉的角度出發，我們看到其中的相關規範，幾乎涵蓋了修行人的一生。老、病、死的過程中，往往與食物、形形色色的藥材使用有密切關係。在戒律規範與治病的需求之間力求平衡，體現了佛教僧人出離修道的堅決信念，卻又不失對病患照護的慈悲與理解。雖不乏言行不慎的案例，但我們看到更多的情況是，僧眾們在面對佛陀未曾聽許的藥食時，往往拒絕受用。只有待佛陀聽許後，比丘與尼眾方才接受供養。

　　〈藥犍度〉中一則又一則的故事，將佛陀與弟子之間的日常，投影在我們眼前，啟發著我們，日常飲食、睡眠之間都是修行處。過去的遙遠時空，與眼前當下的身心環境，持續地交相互映著生命故事。

Chapter 2

佛法觀病

生命緣起與流轉

　　生命是如何形成的呢？佛教承襲自印度文化的觀點，認為地、水、火、風是組成一切物質的四種基本元素，有情眾生的生命也不例外。

四大五蘊

　　我們的生命來源，是由投胎的意識與父精、母血結合，透過四大的因緣聚合而成。出生後，經由衣、食的長養，身體得以逐漸發展成長。身體長成後，隨著時間的流逝必然衰老，身體器官逐漸敗壞後，最終死亡。

　　在《增壹阿含經》卷20中，有一段鹿頭尊者與

佛陀關於地、水、火、風四界的對話。佛陀分別從肉身形體與身外世界這兩個角度來解釋，而有所謂的八界之說。

關於地大，可從內、外兩個角度來觀察。就個人的色身來說，「內地種」具體指的是髮、毛、爪、齒、身體、皮膚、筋、骨、髓、腦、腸、胃、肝、膽、脾、腎。而「外地種」指的是具有堅固、牢靠特質的自然現象，如群山、土地等。

水大的部分，就色身而言，「內水種」具體的是涎、唾、淚、尿、血、髓。自然界中具有液態、黏結、流動特性的為「外水種」，如大海、河川、雨水等。

色身的內火具有遍熟或暖熱特性，如飲食之所以能被身體機能消化，主要就是內火的作用。自然界的溫度、熱能，無論來自太陽、溫泉等，它們所產生的能量即為外火。

　　風的特性是飄浮、流動，依其所在身體的位置，可細分為脣內之風、眼風、頭風、出息風、入息風，乃至身體一切支節之間風。這些都稱為「內風」。外在自然界的「外風」，無論是清風徐來還是猛烈暴風、颱風的現象，都歸類為外風。

　　鹿頭尊者與佛陀的這段對話，非常清楚地解釋了四大各別的堅硬、濕潤、暖熱與飄動特質，並將臟腑內在物質與外在自然環境依四大分類。後期佛教的論書中，有論師們對於四大進一步地闡釋，指出它們所具有的受持、攝取、成熟以及生長作用。並在四大基本元素的基礎上，逐漸加以擴充，加上空界為五大。更有加上識界而形成所謂的六大之說，以此更完整地來解釋名色身心。

　　對於名色身心的分析，具體來說有色、受、想、行、識五支，即所謂的五蘊假和構成之個體「我」。由四大所聚合的色蘊之外，受、想、行、

識蘊分別指不同面向的心識作用。例如感受、判斷、思考、意志作用等。識做為心的主體,透過眼、耳、鼻、舌、身五根,在對接到色、聲、香、味、觸五境時,產生五識的作用。由此,蘊、處、界構成了有情眾生所感知的萬象森羅世間。毘曇部論書如《俱舍論》、《大毘婆沙論》、《順正理論》等,對此有詳盡地討論。

　　五蘊聚合假名為我的個體,是常抑或無常?在《佛說五蘊皆空經》中,佛陀為五比丘開示說,色無常變異,衍生苦苦、壞苦、行苦;受、想、行、識亦如此。佛弟子應以正智善加觀察,過去、現在、未來,內外、粗細、遠近,五取蘊皆不可得。因此,世間諸法並不實際有能取的主體及所取的客體。

　　這是佛教對於個體「我」的基本立場。而色和心密切互動、互為表裡的運作原則又是什麼呢?

緣起存有

　　佛教透過「此有故彼有，此生故彼生」的因緣法則，來解釋世間存有的苦聚現象。對於個體「我」如何在無盡的輪迴中生死流轉，則進一步地詳細說明隨順緣起的緣生法。如《雜阿含經》卷12指出：「……謂無明、行、識、名色、六入處、觸、受、愛、取、有、生、老、病、死、憂、悲、惱、苦，是名緣生法。」

　　以十二支緣起的順、逆流轉，觀察人生苦痛的根源以及超越，是佛教中重要的基礎觀修法。由過去世中無明之惑與所造作的行為，在意識中留下了種子。意識在業力驅使以及精、血結合的因緣下受胎，進而蘊育出六根。出胎後與外界接觸，而有了苦、樂、捨不同的感受。若對境起貪愛，進而執取、追求造作，便成為未來招感業果之因，確保了

下一世的生、老、病、死循環。此十二支緣起解釋
了過去、現在、未來三世的惑、業、苦因果關係。

《大寶積經・入胎藏會》中，佛陀善用各種譬
喻，詳盡地為難陀演說入胎因緣；在父精、母血、
意識和合條件下，胎卵長成人身的過程，以及人
身種種汙穢不淨的事實。從佛教醫學的角度來看，
《入胎經》這類的經文中，反映了佛教的胚胎學觀
點以及對人身生理結構的基本認識。經文整合了四
大、五蘊、十二因緣的教義。

另外，《阿含口解十二因緣經》闡釋了身、
口、意造作的十惡業，是促成五陰、十二因緣運
轉的主因。以無明為核心的十二緣起環環相扣，導
致生死流轉，衍生了生、老、病、死四苦乃至八苦
等，表現在身體病痛、心理欲求不滿的諸事相。經
中也開示以苦、集、滅、道四聖諦，以及念生、念
老、念病、念死的方法阻斷生死之流，斷除生死根

源。從宏觀角度來說，十二緣起演繹了生死流轉的
動能；從微觀角度來看，也解釋了疾病的成因和治
療疾病的方法。

依有修無

　　有情的五蘊身心不僅是過去業感之果，同時也
是能造作未來業報的作用機制。因此，透過五蘊身
心感受酸、甜、苦、辣的各種人生滋味之外，其積
極的意義在於依五蘊身心觀修，步向解脫之道。

　　浩瀚的藏經中，隨處可見關於思惟身心意義而
解脫的教學與實例。例如《增壹阿含經》中，有一
段多耆奢尊者向世尊報告自己從欲想纏縛中解脫的
對話。尊者先以不淨觀思惟感官執取的女性形相，
其形體如細緻彩繪的畫瓶，內盛種種穢垢不淨；進
而探尋自己欲想生起的源頭。他反觀自身四大：地

種堅固不可壞，其餘水種、火種、風種亦皆流動、無形，而無從執取。於是，尊者明白了，欲想是從心念而起，並非起自身體四大。又觀察五蘊身心，體悟到「色如聚沫，痛（受）如浮泡，想如野馬，行如芭蕉，識為幻法」。世尊讚許尊者對五蘊幻偽不真的如實體察，在場聽聞的六十比丘，也都因而煩惱漏盡解脫。

另外，《修行道地經》對於四大身的審視諦觀，也很具啟發性。經中將四大失衡所引起的寒病、熱疾、風症等描述為「怨家骨鎖相連」。在這樣的思維下，四大不只是組成身體的自然元素，甚至是怨仇，是應當捨棄的可厭對境。如此推演的目的，與不淨觀一樣，終究要導向不貪著身體。然而不貪著身體，難道就等同於輕忽、糟蹋身體健康嗎？

藉由五蘊身心修持，以圓滿佛道旅程的一個重

要前提，直接來說就是要能確保身心的健康。保健
這樣的觀念，在傳統佛教的弘傳與教學脈絡中，長
期以來有被忽視的傾向。我們不妨回想一下自己學
佛的經歷，許多佛法宣講主題著眼於苦、無常的事
實，以及去我執、離煩惱的鍛鍊。五蘊身心的維護
或許被順道提及，但往往不是開講的重點。筆者提
出以上觀點，並非要顛覆所有大家曾熏習的佛法概
念，而是要強調，在人的一期壽命中，身心健康其
實是穩定修行的基礎。人身難得、佛法難聞，能夠
擁有學習佛法的條件，可說是過去的自己送給現今
自己的禮物。如何讓這珍貴的禮物永續，並發揮最
大的效能，是值得每個人好好思考的大事。

　　常聽人說，時間是最好的藥。然而，時間之
所以能有療效，並非無所事事地虛度光陰，而是在
時間流逝的過程中，逐步轉念與出離，只有從執念
的深淵中，鬆開綑綁自己的枷鎖，出口才會浮現眼

前。轉念的契機，或許因人而異，教法的思維與實
踐，對於在生死大海漂流的凡情眾生，才是一帖萬
靈藥。

疾病成因

　　我們為什麼會生病？佛教如何看待疾病？四聖諦與疾病醫療之間的關係，經常被拿來類比。苦、集、滅、道四聖諦，和面對身心苦痛症狀時，檢視痛苦的原因，並對症治療以恢復健康，這樣的療病過程與苦、集、滅、道四諦之間的因果關係是一致的。

　　《別譯雜阿含經》曾提到，所謂的世間良醫是「一、善能知病；二、能知病所從起；三者、病生已，善知治愈；四者、已差之病，令更不生。能如是者，名世良醫」。良醫能夠精準地診斷分析病情，熟練治療的方法，並徹底地根除病症，不再復發。這樣的療癒能力也被做為譬喻來描述佛陀：

「如來、至真、等正覺無上良醫,亦拔眾生四種毒箭。云何為四?所謂是苦,是苦習,是苦滅,是苦滅道。」

佛教醫學的架構,也可以說是四聖諦的開展;或者換個方式說,四聖諦是佛教醫學的總結。佛教所關懷的不只是身心的健康狀態,更重要的目標在於解脫圓滿。不過,身心健康這一基礎條件往往被忽略,更多的時候,佛法所宣揚的重點,在於強調無常、出離、般若空觀這些主題。其實,我們需要清楚地掌握維持身心健康的原則,才能以此為基礎,修道成就。

色身的病因

病的梵語名為vyādhi。關於疾病的成因,「四大不調」是佛教對疾病的一種概括性定義。《佛說

佛醫經》便開宗明義指出：「人身中本有四病：一者、地；二者、水；三者、火；四者、風。」當四大失衡時，再加上節氣變化與身體各部位器官的屬性等諸多因素，便會衍生出各式各樣的身體症狀。

　　身體為何會「四大不調」？《佛說佛醫經》將得病的因緣歸納為十類：「人得病有十因緣：一者、久坐不飯；二者、食無貸（飲食無度）；三者、憂愁；四者、疲極；五者、婬泆；六者、瞋恚；七者、忍大便；八者、忍小便；九者、制上風（忍呼吸）；十者、制下風（忍放屁）。」這些事例看似平常無奇，都是日常的飲食起居、情緒極端波動、便溺等生理需求未能滿足等，特別在當今忙碌、競爭的社會中，凡常的作息可能經常被我們列為是微不足道的枝微末節，然而從佛教醫學的觀點來看，卻正是觸動疾病的根源。

　　在《大寶積經》中，佛為難陀解釋人身的形

成、發展與變異過程時提到：「難陀！如是生成長大，身有眾病，所謂頭目耳鼻、舌齒咽喉、胸腹手足，疥癩癲狂、水腫欬嗽、風黃熱癊，眾多瘧病支節痛苦。難陀！人身有如是病苦。復有百一風病、百一黃病、百一痰癊病、百一總集病，總有四百四病，從內而生。」

　　由四大分別衍生出一百零一種病，這是經典常見的四百零四種病狀說法。佛教對於疾病的描述，另外還有針對病的性質、可治不可治等，有幾種不同層次的分類法。

疾病的分類

　　在《大般涅槃經》中，曾以毒蛇來譬喻四大，由於彼此間的不調適，導致了身、心兩方面的病症：「云何為病？病謂四大毒蛇，互不調適，亦有

二種：一者身病，二者心病。」

　　詳細來說，有五種因素能造成色身方面的疾病：「身病有五：一者因水，二者因風，三者因熱，四者雜病，五者客病。」這裡特別強調四大中的水、火、風；地大則是與其他因素兼併，總稱為雜症。而所謂的客病，指的是非四大失調所導致的，有形或無形的外在因素所造成的身體不適。例如勉強負荷過重的勞務；不慎從高處墜落或掉入陷阱；被外在的刀劍、棍棒、瓦石等所傷害；以及被鬼魅所侵擾。

　　心病則涉及了不同層面的煩惱、不安等心理狀態，例如「一者踊躍，二者恐怖，三者憂愁，四者愚癡」。

　　至於身心綜合的病因，有可能源自於過去的業力果報，或是無從閃躲的惡對違緣，又或者是時節變化對人的影響。經文中對「病」的具體解釋如

下：「生如是等因緣名字，受分別病。因緣者，風等諸病。名字者，心悶、肺脹，上氣咳逆，心驚、下痢。受分別者，頭痛、目痛、手足等痛，是名為病。」

另外，《大智度論》則依前世、今生來區別兩種病，也就是因前世業報導致的業病；以及今生受冷、熱、風等作用而得的種種病。

《華嚴經》將病痛歸納為四類，除了上述的身病、心病、客病之外，還有所謂的俱有病。俱有病是飢渴、寒熱等生理本能反應，加上各種因素交相作用下，有情眾生身心因而承受各種苦楚悲痛。

律典用主病、客病來指飢渴、四大失調的病痛，並用以區別時藥、非時藥、七日藥與盡形壽等四藥的使用時機。後期論書對於疾病的分類，則不全然一致，略有分歧。

致病的因緣

　　關於致病的因緣，智者大師在《摩訶止觀》卷8的「觀病患境」，提出「有身即是病」的看法。他將病起的因緣歸納為六類，分別從四大不順、飲食不節制、坐禪不調、鬼神得便、魔所為，以及過去業力等因素加以說明，其中的原則仍有許多值得我們借鏡之處。

　　飲食方面，不只是以節制為原則，也需要考慮食物的特性，斟酌食用。例如辛辣物易增火；蔗蜜、甘冷易增水；梨增風；膏、膩增地。另外，還有五味增損五藏的說法。例如酸味增肝而損脾；苦味增心而損肺；辛味增肺而損肝；鹹味增腎而損心；甜味增脾而損腎。

　　禪坐時，用心稍有偏頗、慢怠或不得要領，或是數息不調，都有可能導致身體背脊、骨節疼痛，

或造成筋脈攣縮等。智者大師指出身體可能出現的八種觸受，分別為下墜的沉重或上升的輕盈，如處冰室般的寒冷或火舍般酷熱，又如澀、滑，軟、粗等相對的觸受。坐禪人也因思觀過多，損及心、肝、脾、肺、腎五臟而成禪病。

五世紀的南北朝時期，沮渠京聲所譯出的《治禪病祕要法》中對於因禪坐方法不當，所導致生理與心理方面的各種禪病，也有詳細描述。禪坐修持雖為善法，若方法不當或心念不正，卻反而可能成發動疾病的因緣，不可不慎。

此外，若執於藉由鬼魅管道知吉凶、斷禍福一類的邪見，也會促成身心疾病。鬼病與魔病之間的區別在於，鬼魅主要作用於色身，魔病則專指心病，能壞法身慧命。特別是禪坐時，要是禪修者生起邪念利養之心，邪魔最易趁虛而入，變現種種美妙的衣服、飲食、珍寶等物，禪修一旦歡喜領受，

入心則便成病，智者大師認為這是最為難治之病。

　　關於業病方面的致病原因，則可從兩方面解釋，即純粹因過去業力或今世破戒，促動過去業力而成病。大致可從眼、耳、鼻、舌、身五根上的病症，推知所犯之業。例如若為殺罪之業，則反映為肝、眼病；飲酒罪業是心、口病；淫罪業是腎、耳病；妄語罪業是脾、舌病；若盜罪業是肺、鼻病。智者大師在此將五戒、與五根、五臟之間，做了相應的連結。這類的疾病，基本上須待業報受盡才會痊癒，或可透由懺悔方式懺除。除了負面的毀戒而觸動病果之外，也有可能因精進持戒而動業成病，這是業將滅盡，重罪轉輕受的的情況。

　　從佛教的三世因果觀，我們可以總結佛教醫學對病因的解釋，是從過去世的業報與今世的因緣來看；今世因緣再從主、客或身心、內外因緣等面向來分析。心病的根源，在於貪、瞋、癡三毒的作

用，身心之間互為依存、交互作用，心理不穩定的
狀態也終將透過肉身，以病痛呈現。

　　生、老、病、死苦都根源於五蘊身心，也都
是我們生為人必然要面對的現實。排除意外、橫死
的情況，在生、死之間橫亙的老、病，更是我們一
期壽命中所逃脫不了的課題。認識疾病是超克疾病
的第一步。透過佛教觀點的梳理，我們得以從宗教
的視角，對疾病的成因有更深一層認識。除了從日
常的醫療體系獲得病歷、診斷說明外，佛法視角的
疾病成因，往往更能觸及醫療器材所無法觸及的層
面，提供現代醫學知識所無法解釋的原因。這樣的
解答，對於佛教徒或非佛教徒而言，可能都是支持
病患坦然接受、面對疾病的一個契機。

疾病診治

　　橫死通常是指意外死亡，但是佛教特別將有病不治而導致的喪命，稱為「橫死」，由此可知佛教對於治療疾病的態度非常積極。《法句譬喻經》甚至將「有病不治」一事，列為三種橫死之首。

　　佛教藏經有很多關於醫藥的經典，從現代醫學分科的概念對應來看，涵蓋的範圍相當豐富多元，包括了內科、外科、兒科、眼科、婦科、精神科等。有時單單從佛經的經名，就能一目了然特定疾病的治療方法，如《能淨一切眼疾病陀羅尼經》、《療痔病經》、《咒齒經》、《咒小兒經》、《治禪病祕要法》等。律典的〈藥犍度〉甚至詳細規範了僧人服用、儲存藥物的時間等，這些都是幫助我

們認識佛教醫藥學的重要材料。

很多佛教經論，對於身心疾病的診斷治療，都
有很精準的說明。以下將先介紹佛教醫學的治病原
則與相關知識，再進而分析業病、魔病、心病等的
療癒方法。

一般疾病的診療

一般而言，判斷疾病要通過「病相」的觀察，
以先掌握身體的狀況，再加以診斷、治療，使身體
恢復健康。《雜阿含經》卷15說明了良醫應具備的
能力，是清楚疾病的發生，致病的根源以及治病的
方法，乃至癒後不再復發等幾方面的能力。

治療方法非常多元，如塗藥、催吐、灌鼻、熏
香、逼汗等。除了上述的治療方法，律典也記載了
佛陀時代名醫耆婆治病的許多故事。在《四分律》

的〈衣犍度〉中，可看到他以外科手術處理了瓶沙王的痔瘡、為王舍城某長者開頭顱治癒頭痛、為拘啖彌長者之子開腹腔解除腸閉塞症狀、以酥飲為藥醫治尉禪國王波羅殊提的頭痛等。耆婆治病的故事最常見於律典中，不過也有以單經形式流通，例如後漢安世高所翻譯的《佛說奈女耆婆經》，描述耆婆的生平身世與精彩的行醫故事。這些敘事都相當程度地反映了印度的醫療文化。

　　佛典詳細記載了古印度的疾病系譜，這些資料都具有重要的學術參考價值。除了《正法念處經》提到有關蟲致病、風致病的病相；《釋禪波羅蜜次第法門》、《摩訶止觀》也有病相、病因、病機等敘述，則是體現了智者大師融合了印度與中國傳統醫療知識所建構的醫療觀。

業病的診療

根據因果業報的觀點，過去的業行必定留下痕跡，也必然受報。因此，我們在佛典中看到，即便是有修證的佛弟子、菩薩乃至圓滿成就的佛陀本人，也因業力而有腹瀉、背痛、頭痛、關節疼痛等病相現前。「業因思想」是佛教醫學有別於中國傳統醫學最顯著的特色，也是佛法教義的核心之一。

業病說是否表示佛教對於治病的態度很消極呢？其實不然。《法句譬喻經》就記錄了佛陀對一位不願就醫的長者開示，其中特別提到有病不治是所謂的「橫死」，對於四大引起的寒熱不適應當服藥，若是因邪魔惡鬼的侵擾，則應以誦經、持戒等修持法門來化解。從佛陀的開示，顯示了佛教積極、坦然面對病痛的態度。

在業報所招感的病徵中，癩病（痲瘋病）被認

為是最嚴重、最難治癒的一種。

　　關於癩病的治療，《如來方便善巧咒經》提到：「若治癩病、身體腫癖、風冷病等，取菖蒲末以白蜜和，佛前誦咒一千八遍。空腹服之，即便除愈。」這類結合草藥知識與咒語的應用療法，在密教部類的《陀羅尼集經》極為常見。其中有相當高比例的儀軌修持，是用來治療各類的身心疾病。特定主題的儀軌、懺罪修法，將在本書最後一篇分別介紹。

鬼魅魔病療法

　　除了上述業病的治療傾向透過儀式處理之外，鬼魅、邪魔所致的各種疑難雜症，更是大量借重密法與儀軌的運用。藏經中的密教部類經典，是探索這類主題最直接的文獻範圍。以《陀羅尼集經》為

例，可從中略窺密教傳統，對於鬼魅、邪魔病一類的病症處理方式。這類儀軌的組成，不外有壇場布置、結手印步驟、真言咒語持誦、媒介物的應用，以及儀藝進行過程的描述。

例如〈釋迦佛心印咒〉：「咒師若欲得供養十方諸佛、欲避一切障難、除一切鬼病、治一切病痛者，應作此法。若知有鬼病者，作四肘水壇，中心著火鑪，燒柏樹枝，數數誦咒即差。若一日不差，日日作，到七日即差。」〈佛頂縛鬼印咒〉：「諸比丘！取東引桃枝無瘡病者，以印印枝，咒二十一遍，打病人身，其病即差。若狐魅病、山精、鬼魅、壓蠱病等，咒白芥子二十一遍，以打病人頭、面、胸、心，燒安悉香，遶身熏鼻及噉，取香烟二十一咽，用桃枝打法，先打左臂肘內，次打右肘、腰間、曲脈，其病即差。用研雄黃咒一百八遍，護身結界，頂上、髮際、左腋、右腋、心上、項下、

眉間如是七處各點，晝夜三時如是作法，病人床下以牛糞泥一肘小壇，淨洒燈盞，著一盞燈，結界作法，燈夜別著，其病即差。」

　　禁咒在疾病治療上的運用，有著濃厚的地方文化、民俗色彩。不過，我們也不宜武斷地將它視為是佛教發展過程的變異，甚至曲解為是佛教與流俗的結合而加以貶抑。印度文化中，咒語在醫療上的運用早有深厚的淵源，從古老的印度吠陀詩集《梨俱吠陀》已可見到。佛陀時代，順應風俗民情，世尊也傳授弟子防治毒蛇咒。因此，持咒治病本身有其功效。出於安頓身心以專心辦道、修持的考量，現世利益的滿足並無可議之處。佛教所反對的，是以咒術為媒介，以此為謀生工作，邪命自活。

神珠法藥

　　佛教在討論「心病」的主題時，往往會論及所謂的「魔病」。對於魔病、業病這類疾病的對治與處理，是佛教很重要的特色。《大智度論》提出三毒衍生八萬四千病的說法，並指出應以不淨觀對治貪欲，以慈悲心對治瞋恚，以觀因緣對治愚癡。

　　《大般若波羅蜜多經》論及般若波羅蜜的清淨功德時，須菩提曾稟白：「世尊！若善男子、善女人受持是般若波羅蜜，親近正憶念者，終不病眼，耳、鼻、舌、身亦終不病，身無形殘亦不衰老，終不橫死。」此外，經中也數度以「神珠」譬喻甚深般若波羅蜜多，說其能除一切惡毒、癩疾、惡瘡、腫疱等身病。「帶此神珠眾病皆愈」，意思是說以般若智慧諦觀疾病的本質，進而超克疾病。般若波羅蜜多的無量功德能除無量惡不善法，能滅有情身

心熱惱。修持佛法猶如服用甘露法藥，是療癒心病的唯一途徑。

何謂「法藥」？《醫喻經》對此有明確地說明：「如來、應供、正等正覺，亦復如是，出現世間，宣說四種無上法藥。何等為四？謂苦聖諦、集聖諦、滅聖諦、道聖諦。如是四諦，佛如實知，為眾生說，而令斷除生法。苦本生法斷故，而老病死憂悲苦惱，諸苦永滅。如來、應供、正等正覺為是利故，宣說如是無上法藥，令諸眾生得離諸苦。」

以佛法為藥，療癒有情因貪、瞋、癡三毒所成的心病，這可以說是佛教教義的核心思想與精髓。從這個角度來理解，所有的經、律、論三藏都可視為是佛教醫學；所要醫治的是人的無明煩惱，而所要達成的健康圓滿目標是成就佛果。這也說明了經典中隨處可見以醫、以藥為喻的教說方式。又心念的轉化與調伏，也被認為是使肉身病痛痊癒的重要

方法。如能善用法藥，將能幫助我們解脫身心的束縛，度一切苦厄，超越病苦，超越生死。

Chapter 3

佛門仁醫

六朝僧醫

　　在宗教傳播的過程，醫療往往是重要媒介。宗教人士若是掌握醫療知識，乃至具備醫療技術，便可成為弘法過程中的一種方便。透過醫療，宗教師也得以進一步強化消災解厄、拔苦救難的淑世形象。在漢末社會大型傳染病疫情嚴重時，道教人士便掌握了時機，迅速透過醫療來傳教，比如五斗米道、太平道等都是藉醫傳教的例子。

　　印度佛教在對外輸出時，隨著僧人的移動，印度佛教醫學知識與相關經典、文本，也在亞洲漸漸地傳播開來。在魏晉南北朝期間，來華僧人日益增多，這些所謂的「胡僧」往往精通醫方明。在僧傳中，常可見到他們的行醫事蹟。相對來說，中國佛

教的寺院教育發展自成一格，並未沿襲印度佛教寺院的聲明、工巧明、醫方名、因明、內明等五明教育制度。因此，中國僧人較少有著鮮明的「僧醫」頭銜。不過，中國本土佛教僧侶在學習教義典籍時，可能間接接觸到了印度醫藥知識，或者出家之前已具備傳統醫療知識，所以有不少僧人兼具宗教師與療癒者的身分。本文所謂的「僧醫」，是廣泛地指稱那些具有行醫事蹟、醫療著作，或是曾翻譯佛教醫療相關經典的僧人。本文將以僧醫為主題，依朝代分期介紹。

僧醫文獻

六世紀之前的中國佛教，可視為佛教初傳入的萌芽調適階段。胡僧來華帶來經典，也同時傳入了方劑、解剖、針灸等醫療知識與技術。一般認為，

這個時期的佛教僧侶、道士及其他祭祀巫者共享宗教市場。不同的宗教在形而上的訴求各有所指與目標，然而對於入世關懷與慈善事業，卻頗為一致地具有滿足人們對於現世安樂的渴望與利益需求的傾向。

現存最早的一部集體僧傳，是南朝梁代慧皎（497－554）所著的《高僧傳》。他將活躍於中國的胡、漢僧人，依個人特色，分十科歸類。如擅長「譯經」、精通「義解」、樂於「習禪」或「興福」，展現「神異」等十類。這種十科分類的架構基本定型，也被後來唐、宋兩代的僧傳沿用。這十科之中，雖未有僧醫一類，符合這種特性的僧人卻不在少數，散見於各科內容。

從僧傳文獻中，我們看到僧人的醫療行為，有處理難產、眼疾、腳氣病，也有擅長用針、灸術等，其中有關治療眼病、腳氣病的敘述特別多。例

如晉代僧人單道開、梁僧慧龍都擅長金針撥障術，後秦譯師弗若多羅以藥水滴眼等。這些敘事說明了源於印度、中亞等地治療眼疾的知識，在六朝時期不僅已漢譯，實際的臨床實踐更被廣泛地運用。此外，僧深以擅長治療腳氣病而聞名，他編錄各家相關的醫方療法，寫下《深師方》，廣為流傳。其他與治療足病有關的僧人，則有支法存、仰道人、佛陀耶舍、求那跋摩等。

　　僧人在行醫中，若遇到內服藥物、外施針灸這兩種主流醫療都無法改善的病症時，符咒、懺悔儀式等另類的宗教療法便會派上用場。例如以神異咒術解除疾厄，有聰道人、佛陀耶舍、竺法曠、耆域、訶羅竭、安慧則等。另有些則是透過辟穀服餌之法，以利個人禪修，如僧從、涉公、法成、慧益、僧慶、法光等人。像這類僧醫，通常也伴隨著其他神通行徑。

　　南北朝時期的醫學技術，主要以家族世系傳承的管道來延續。就現存文獻資料來看，南朝比北朝保存了更多醫典，這或許與南方政局相對穩定有關。除了佛教的僧傳文學之外，像是《千金要方》、《外臺祕要》、《隋書・經籍志》以及《舊唐書》、《太平御覽》等古籍、史書、類書之類的外學中也可見到僧醫所作的藥方。如僧深編錄了支法存的醫方，以《深師方》之名流通於當時。這些藥方反映了當時僧人的藥學知識，像是「寒食散」之類的石藥類應用，常被提及。這些藥方內容有助於我們理解當時社會普遍服石用藥的情況。透過這些文字紀錄，豐富了我們對於六朝僧人入世參與的認識與想像。

安世高

　　後漢安息國王子安清，字世高，於漢桓帝時期到中土。他自幼聰明好學，博學多聞，諸如星象、五行、醫學、乃至以音聲辨識蟲鳴鳥獸等異術，無不通達。他在中土期間，譯出五十餘部經籍、論典，其中最廣為人知的有《大安般守意經》、《陰持入經》、《道地經》等。他在歷史上被推崇為是將禪觀修持引介入中國的第一位高僧。

　　鮮為人知的是，安世高曾譯出多部與佛教醫療相關的作品，如描述耆婆傳奇人生與療病事蹟的《佛說㮈女祇域因緣經》、《佛說奈女耆婆經》；佛為耆婆敘說淨身也淨心的《溫室洗浴眾僧經》；另有與養生、長壽主題相關的《九橫經》。注重養生延壽以便修道的概念，在中國佛教傳統逐漸被輕忽。相較之下，此觀念在西藏的藏醫與修持傳統中

較常被討論，並發展出許多養生延壽的具體修持方法，乃至豐富的方藥、身體訓練技術等。值得我們學習與參考。

于法開

于法開是晉朝時期的僧醫，是于法蘭的弟子。在僧傳中他雖被歸類為「義解僧」，卻同時也是一位精通醫術者。

某次于法開以乞食因緣，寄住於施主家。正巧女主人難產，在場眾人束手無策，全家惶恐不安。主人打算殺羊祭祀，求天祝禱。此時，于法開出面制止殺生，並讓人準備肉羹湯，餵食難產的女主人。待產婦體力較為充足時，再施以針術，不久便順利產出胎兒，母子均安，化險為夷。

又一次，升平五年（361）時，晉穆帝（343－

361）臥病，于法開診脈後知病情嚴峻，無法醫治，之後便以各種理由辭退，不願再應召入宮診治。太后褚蒜子（324－384）震怒，下令收付廷尉羈押。約莫同時，皇帝駕崩，于法開才得倖免於牢獄之災。

曾有人問于法開：「法師高明剛簡，何以醫術經懷？」法師精通般若空義，數度與支道林對於色、空之義有所論辯，犀利辯才，顯然折服許多人。對於他選擇以醫術行走江湖的原因，于法開回答：「明六度，以除四魔之病；調九候，以療風寒之疾。自利利人，不亦可乎？」意思是說，透過布施、持戒等六度的修持，得以降伏煩惱魔、五陰魔、死魔、天魔等。這四魔是障礙修行人的統稱與表達方式。行者若能調伏四魔，那麼解脫三界、出離生死也就指日可待了。

而調九候，指的是一種全身遍診法。在古醫書

《素問》中，有所謂的「三部九候論」，是將人體分為頭部、上肢、下肢三部，並認為每部各有上、中、下三處的動脈。在這些部位診脈，就被稱為三部九候。這裡是說，透過九候的診斷來治療色身疾病，實踐醫術就像是以六度驅除四魔之病，都可自利利人，有何不可呢？

這個問答似乎也透露出，僧人行醫在中國佛教發展初期，已非常軌。這種中古社會就出現的對僧人行醫的質疑，是否也促成了日後限縮僧人參與社會活動的現象，是挺耐人尋味的問題呢！

曇鸞

北魏僧曇鸞（476－542）被認為是淨土宗的初祖，他個人的修持，歷經數度轉折。最初的閱藏經歷，讓他發現經文詞義艱深難解，因而行文註解。

然而不多久之後，他因思慮過盛而行氣不順，便停筆作罷，轉而雲遊四方，調養身體。當他周遊到秦陵故墟，入城後上望藍天，乍見天門洞開，萬物歷歷分明，身疾竟也不藥而癒。

　　此時的曇鸞大師開始思考，人命危脆無常，而佛法又浩瀚如海，非一時之間能夠全然掌握。若無強健體魄，恐怕也無法負荷勞心勞力的佛法義解與修持。聽聞江南有位陶隱士，擅長養生長壽之道，不如先向他學習本草、仙術，待所修有成後，再返回修持佛法。

　　六朝時期僧俗之間的醫術交流，是頗為常見的現象。曇鸞跟隨陶弘景（456－536）學仙術一事，也功成圓滿。僧傳中提到他：「調心練氣，對病識緣，名滿魏都，用為方軌，因出調氣論。」修道有成後，曇鸞寫下與調氣、醫療相關的著作有：《調氣論》一卷、《療百病雜丸方》三卷、《論氣治療

方》一卷、《服氣要訣》一卷等。

　　之後，曇鸞在尋訪名山勝境以修練方術的途中，巧遇了三藏法師菩提留支。曇鸞好奇地請教菩提留支：「西天佛法是否也有長生不死之術，完勝中土仙經？」菩提留支聽聞後，唾地一嘆：「哪有什麼著作堪與佛經相比？人生在世，又有何長生之法可言？就算能延年益壽，終究必得面對三有輪迴啊！」菩提留支一個轉身，從行囊中掏出了《觀無量壽經》贈與曇鸞，並且告訴他，這才是能讓人了生脫死的大仙方！

　　曇鸞大受刺激，進而將隨身的仙方一炬焚毀，自此，轉為修持、弘揚念佛法門。淨土一宗，也儼然成形。

　　我在學佛之初，常聽聞祖師的這段故事，吸引人的戲劇性轉折處，當然是被設定在焚毀仙經一段。年歲漸長的現在，重讀祖師事蹟，對於修學佛

法有賴強健體魄的感嘆，倒也能莞爾。畢竟肉身是
方舟，是前往彼岸的道器，養身保健也是必須。

隋唐僧醫

　　當社會陷於戰亂頻繁、疾疫流行當中，僧人藉由行醫，懸壺濟世，普度蒼生。六朝之後，進入隋唐盛世，社會趨於穩定繁榮，也吸引愈來愈多外國僧侶來到中國。印度佛教經典被轉譯為中文的數量激增，豐富了中國信徒學習教義與思想的管道。

　　此時期佛教的盛行，與中國本土習俗、文化密切交流，佛教醫療思想也被中國傳統醫學所吸收。例如隋代巢元方等所編《諸病源候論》這部中國早期討論病因與症狀的著作，明確地引用了四大致病與蟲致病的學說。孫思邈的《千金翼方》中，除了吸收四大不調的病因觀外，也提及印度佛教醫療——阿伽陀藥（Agada）的藥方，乃至耆婆「萬物無非

是藥」的名言等。這些都是中醫受佛教醫療影響的
痕跡。

　　唐朝的佛經翻譯中，有為數可觀的陀羅尼類
經集。這一類經典內容多半結合陀羅尼的持誦與儀
軌，其功能與目的往往也與希求現世利益、安樂有
關。其中有相當高比例的儀軌，是運用持誦咒語來
治病。玄奘、菩提流志、善無畏、金剛智以及不空
等人都是這類持咒醫病的陀羅尼經譯師。

　　整體而言，隋唐之後，雖然僧傳中關於僧人的
臨床醫療行為的記載，有逐漸減少的趨勢。不過，
這個時期所翻譯的佛典，涵蓋的醫療方術之豐富，
卻是空前。以下所介紹的僧醫，主要是傳授身心健
康的理論與方法，或是翻譯醫療相關經典的僧人。

智顗

　　漢僧所撰述的論書中，最完整講述禪病對治的人，非天台智顗（538－597）莫屬。他將止觀禪修有系統地梳理出清楚的次第法門，四部重要的止觀著作為《釋禪波羅蜜》、《修習止觀坐禪法要》（又稱《小止觀》）、《六妙門》以及《摩訶止觀》。其中談到身心調理的章節段落有《釋禪波羅蜜》中的〈內方便之治病方法〉、《小止觀》中的〈治病第九〉、《禪門口訣》以及《摩訶止觀》卷8〈觀病患境〉。

　　這些著作對於病相、病因、病機等的敘述，體現了智顗大師融合了印度與中國傳統醫療知識所建構的醫療觀。他認為「有身即是病」，他將病起的因緣歸納為六種，分別為四大不順、飲食不節制、坐禪不調、鬼神得便、魔所為以及過去業等因素。

　　至於診斷方式，智顗認為「上醫聽聲，中醫相色，下醫診脈」。醫術高明的醫生，主要透過觀察即可了解病況，覺察力不敏銳者，才需要倚靠把脈。這樣的觀點可能受到中醫「望、聞、問、切」的診斷方式所影響；此外他也提出可透過夢境、禪觀體驗來分析病因。而這兩種方法的運用，往往與業病有關。

　　智顗在《摩訶止觀》的正修篇章中，以修行止觀的十種對境為切入點，說明證入實相、通達法性的過程，所可能會面對的十種情境及相應的觀法。「十境」分別指：陰界入、煩惱、病患、業相、魔事、禪定、諸見、增上慢、二乘、菩薩。他也歸納了五臟病相，並引用中醫病理學知識，提出以「六氣」——呵、吹、呼、噓、嘻、呬來調理心、肝、脾、肺、腎五臟病的方法。

　　針對坐禪不調的情況，智顗主張還是要用調息

觀想的方式，本草湯藥是無法改善病況的。坐禪不調的情況，可再具體細分為四種：1.因心生怠慢而得的「注病」；2.因數息不調而成重、輕、冷、熱、澀、滑、軟、麤「八觸」；3.因修止無方而成四大病；4.因思觀不調而成五臟病。既非四大病、也非五臟病，則被歸類為鬼病、魔病。鬼病從五根入，致使身病，而魔則破壞觀心，破人法身慧命。行者於禪坐中，若心思不正、貪圖利養，就會見到魔所幻現的種種珍寶，一旦入心成病就難以根治。

　　他提出的療治方法有六種：止、氣、息、假想、觀心與方術。所謂「止」的方法，是止心於丹田以調和氣息；若有疼痛感，則應將注意力轉移到「三里」穴位；或者專注於兩腳間。所謂「常止心於足者，能治一切病」，或者專注在有病痛之處。顯然地，他結合了傳統中醫穴位與道教行氣治病，以及五行相生相剋與五臟相應的原則。而「息」的

方法，是指運用入息、出息來治療與八觸相違病
症。此外，他又舉出上、下、焦、滿、增長、滅
壞、冷、煖、衝、持、和、補等「十二息」來調融
四大。至於「觀心」，是透過如理思惟，審視為什
麼心不可得，從而體解無我，息滅苦受。

　　談到以「方術」治病時，智顗的立場是身安方
能道存，因此方術雖非出家人所需的能力，但如果
用來治療危脆的身體以便辦道，則無妨。要是用來
貪圖名聞利養，則應棄捨。方術涉及了持誦咒語、
手捻、杖打病處等民俗療法中常見的方法。在卷8的
最後，智顗提出以「信」為首的十種準則，可視為
是治禪病的正向心態與方針。

　　業障病與持戒嚴謹的程度，有密切關係。今世
破戒會牽動前世業行而成病；如毀五戒則五臟五根
病起，須至業盡方能痊癒。另一方面，持戒精嚴也
可能動業成病，不過是轉重業為病症，同樣也是業

盡才得病癒。在說明了病因、病相後，智顗統整了佛教醫學、中醫藥劑學與道教行氣治病等觀念，闡述了他的禪病療癒法。

　　由此可知，智顗對於疾病療癒抱持著樂觀、開放的態度。在佛教因果業報的思想基礎上，提出對病狀的解釋，坦然接受病苦的業報事實，並將它視為策勵自我精勤修道的逆增上緣。在解除身體的病苦方面，他也廣納中醫五行、道教行氣的療癒概念與方法，承認身體是修持佛道的重要媒介而善加養護。因修禪而起的禪病也教導行者，透過正確心態的引導與止觀禪法來梳理調整。智顗的治病觀，可說本質上仍回歸到佛教的本懷，以究竟解脫、圓證實相為目標來弘法利生。

義淨

　　唐朝譯師義淨（635－713）所翻譯或書寫的史傳，對於學習佛教醫學提供了寶貴的文獻資料。根據〈義淨塔銘〉記載，他所翻譯的經論遠遠多於現存的資料，可見大多已散佚。現存涉及醫療相關的經典有：《藥師琉璃光七佛本願功德經》、《金光明最勝王經》、《佛說入胎藏會》（《大寶積經》卷56、57）、《佛說療痔病經》。

　　結合儀式與禁咒治療的經典有：《大方廣菩薩藏經中文殊師利根本一字陀羅尼經》（又名《曼殊室利菩薩咒藏中一字咒王經》）、《觀自在菩薩如意心陀羅尼咒經》、《大孔雀咒王經》等。律典方面，《根本說一切有部毘奈耶藥事》提供相當詳細的藥物使用時機等訊息。傳記方面，《南海寄歸內法傳》中記錄了印度傳統的醫學的「八科」、治病

的方法，乃至日常的衛生習慣如清晨「嚼齒木，揩齒、刮舌」等。義淨對於八世紀左右，中、印之間的佛教醫學知識交流有著重要的貢獻。

開元三大士等

中國佛教史上，開元三大士指的是唐朝開元年間到中國的三位印度大師：善無畏（637－735）、金剛智（669－741）以及不空（705－774）。他們譯出了數量相當可觀的陀羅尼經與修持法。這些文本的共同特色是儀軌化的傾向，記載咒語念誦、結持手印的方法。有時也會提供具體的藥方、使用方法，以及預期療效。

除了有名的三大士之外，譯出當今最普為持誦的〈大悲咒〉的胡僧伽梵達摩，也翻譯了《千手千眼觀世音菩薩治病合藥經》。這部經是〈大悲咒〉

修持法的衍伸，依疾病種類，陳述使用本草、礦石等不同的媒介物，加以咒持的治療方法。同時期尚有阿地瞿多、寶思惟等人也譯出多部同類型經典。雖然十世紀之後中國佛教圈出現劇烈的轉向，很多療癒儀軌並未被傳承下來，然而從佛教醫療知識考古的角度來說，這些典籍反映了十世紀之前佛教醫療文獻的發展，仍相當值得關注。

舉例來說，金剛智所譯的《佛說七俱胝佛母准提大明陀羅尼經》：「或患丁瘡、癰節、癬漏，取熏陸香、淨土、水相和，念誦二十一遍、塗上即愈。」不空所譯《毘沙門儀軌》：「若有鬼病心痛者，咒石榴華汁，飲之即差。」伽梵達摩所譯的《治病合藥經》：「若有人等患赤眼者，及眼中有努肉，及有翳者，取奢弭葉，搗綖取汁。咒七遍。浸濱錢一宿更咒七遍，著眼中即差。」

除了禁咒治療的運用之外，中唐廬山僧人法藏

也擅長切脈診斷。又從龍門藥方洞內的藥方研究，我們也可推知僧人確實掌握了醫藥知識，並且流傳於教界乃至對外傳播。例如，鑑真（688－763）等人將佛教醫療知識傳播到日本，開啟了中日宗教、文化交流的一個新的渠道。佛教的文化與修持，延續著兼顧身、心療癒之路，相輔相成，兩全其美。

宋代佛門涉醫人物

　　經歷唐末五代的藩鎮割據與亂世，趙匡胤兵不血刃地取得了政權，中國再度進入大一統的局面。宋太祖崇文抑武的政策，繼任的帝王基本上皆徹底落實，造就了一個文風鼎盛的大宋王朝。

　　北宋歷代皇帝對於醫學的興趣，展現在大規模地向民間徵集醫學典籍，並進行校正、編輯刊行，又改革醫學制度與教育、考核制度。此外，更廣募醫學人才、開辦醫院、頒布防治疫疾等政令。陸續開設翰林醫官院、太醫局、尚藥局、御藥院等機構，傾國家之力，嘗試全面性地完善中央到地方的醫療體系。這種種政令措施，大幅提昇了醫學的社會地位，也促成醫療技術的專業化。

　　不過，據學者考究，官方醫療體系集中於城市，並未深入偏鄉地區。而寺院與僧醫的存在，則適時補足了這個缺憾；也幫助改善藥價昂貴而導致假藥流竄的現象。佛教寺院提供了醫療救助的場所，對社會的安定，乃至對於宗教的傳播、人心的慰藉，都有一定程度的助益。這些佛門相關的醫藥機構，將於本書下一篇詳細介紹。

　　隨著政治和經濟的穩定繁榮，崇尚醫療、養生文化也逐漸成為文人雅士之間的一種風潮。例如北宋饒節（1065－1129），號倚松老人。早年以才氣聞名，是所謂的江西詩派四才子之一。崇寧二年（1103）在鄧州香岩寺落髮，出家之後仍創作不絕，以詩文暢述自己閒淡雅致的修行生活。陸游曾評他的詩為「近時僧中之冠」。饒節透過詩文創作，傳遞養生思想，也間接推廣其禪學理念。這類知識菁英好樂茶飲、蔬食等的養生之風，在宋代極

為普遍。

相較於六朝隋唐時期，佛教文獻中，有關宋代之後的僧人以專業醫師身分執行臨床醫療的事例銳減。較為引人注目的，是僧人所著述的藥方和養生主題，或是以本草類書的體例來撰寫禪修指引的著作。

寶月法師

寶月法師，俗姓王，杭州錢塘人。九歲出家，宋仁宗景祐二年（1035），受賜紫衣；數年後，受賜寶月大師，之後擔任僧正官職。

寶月法師為人慈祥大度，飽讀經書，以吟詩為樂。少年體弱多病，因而學醫。學成之後，廣為行醫，度化四方。無論達官貴人或平民百姓，凡有需求者，皆盡力醫治，平等對待。聞名而至的患者日

益增多。此外，對於貧病者，更提供醫療之外的衣食所需，從未因考量自身安樂而有所吝惜。

法師行醫濟世，經年累月下來，即便勞累也未嘗動念、退失初心。宋神宗熙寧元年（1068）年間染疾，自知時日將近，便知會門人與曾經有所往來的佛門善友，然後從容坐化。

無際禪師〈換骨丹〉

在上海中醫藥博物館中，存有一幅被稱為「無際禪師換骨丹」的醫方碑刻拓片。據考證，可能是出自洛陽縣興國寺，於南宋到明代之間所立的碑文。該碑文拓片共十二行文字，刻錄了〈換骨丹〉與〈治男子婦人喘嗽齁哈等病〉兩份藥方。〈換骨丹〉這藥方首見於宋代，之後廣為流傳。專治男女左癱右瘓，眼斜口歪，半身不遂，失音不語，手足

頑麻、骨髓疼痛等。以今日的醫學常識來看，應是
治療中風和中風所衍生的病症，並非治療跌打損傷
的藥方。

〈換骨丹〉是以十四味藥材配製而成的丸劑。
根據不同的中風症候，必須搭配不同的藥引服送，
如酒、鹽湯、藥湯、薑湯、茶湯以及米泔水等。
這些細節彰顯了藥方作者微細的臨床觀察與治療經
驗。雖然，我們無從得知這位無際禪師的具體生平
年代，甚為可惜。不過，可確認的是，流傳於佛門
的醫療知識與藥方，已透過碑文篆刻公諸於眾。同
類型的例子，像是龍門石窟藥方洞，以及北京房山
雲居寺的石刻藥方，除了證明僧人實踐醫療與崇尚
養生的事蹟，也再再反映了佛門人士普利濟世，無
私的悲憫情懷。

無際禪師〈心藥方〉

　　另有一帖署名無際禪師所作的〈心藥方〉。今日比較普遍的說法是出自唐代石頭希遷（701－791）。不過根據《宋高僧傳》、《景德傳燈錄》等成書於宋代的僧傳類資料來看，石頭希遷的著作只有〈參同契〉與〈草庵歌〉。無際禪師作〈心藥方〉的說法，最早出現於明代宗本所編輯的《歸元直指集》（1553年著）。歷史上名為無際的僧人可能有好幾位，目前無法判斷〈心藥方〉作者的確切朝代，或者是否為後代的托名之作。不過從上述資料推論，作者是石頭希遷的可能性應該較小。無論如何，這種以藥方體例書寫修行指南的短文，讀來饒富趣味，寓意深遠，很值得我們細細品讀，玩味淺白文字中的深意。

　　無際禪師曉諭世人，若欲齊家、治國、學道、

修身者，須服「十味妙藥方」，便可成就。所謂的十味是：

　　好肚腸一條，慈悲心一片，溫柔半兩，道理三分。信行要緊，中直一塊，孝順十分，老實一箇。陰隲全用，方便不拘多少。

至於調製方法是：

　　此藥用寬心鍋內炒，不要焦、不要躁。去火性三分，於平等盆內研碎。三思為細末，六波羅蜜為丸，如菩提子大。

服用方法：

　　每日進三服，不拘時候，用和氣湯送下。果能

依此服之，無病不差。切忌言清行濁、利己損
人、暗中箭、肚中毒、笑裡刀、兩頭蛇、平地起
風波。以上七件速須戒之，此前十味若能全用，
可致上福上壽。

　　本草藥方可治療肉身的疾苦病痛，而心靈的處
方，則陳述著修身養性與待人處世的原則方法。人
際互動的過程中，尤易引起形形色色的未申之冤與
不平之鳴。〈心藥方〉所提供的法藥，無異是受紅
塵俗事所擾之際，安神定心的良方。

慧日文雅禪師〈禪本草〉

　　宋代編刊醫書、藥典的盛行，以及社會上普
遍重視養生的氛圍，成為文學底蘊深厚的禪師的創
作素材。藉用本草書寫的體例，暢述禪法的特色、

功能與效益等。較為著名的例子是慧日文雅禪師所作的〈禪本草〉。這篇短文被宋代曉瑩禪師編入他的禪門筆記《羅湖野錄》中，之後再被收錄於《卍續藏》。

全文僅兩百餘字，精鍊地陳述禪法特色。摘錄如下：

禪，味甘、性凉。安心臟，袪邪氣，闢壅滯，通血脉，清神，益志，駐顏色，除熱惱，去穢惡，善解諸毒，能調眾病。藥生人間，但有大小、皮肉、骨髓、精粗之異，獲其精者為良。

故凡聖尊卑，悉能療之。餘者多於叢林中，吟風詠月。世有徒輩，多采聲殼為藥食者，悮人性命。幽通密顯，非證者莫識，不假修煉，炮製一服，脫其苦惱，如縛發解。其功若神，令人長壽。

故佛祖以此藥療一切眾生病，號大醫王。若世明燈，破諸執暗。所慮迷亂幽蔽，不信病在膏肓，妄染神鬼，流浪生死者，不可救焉。傷哉！

以藥比喻修持，在佛典中並不乏先例。不過藉用本草藥方的體例結構，來撰寫修持指引的作法，很可能是中國禪門的文字創作風氣下的特殊產物。文雅與下一篇短文〈炮炙論〉的作者湛堂文準禪師（1061－1115）同為黃龍派法脈。其同門師兄惠洪（1071－1128）是北宋著名的江西詩僧，也聞名於倡導文字禪的創作。以藥方本草的體例結構，撰寫修持指南，或許可說是在文字禪風氣下的一種變異與創新。

湛堂文準禪師〈炮炙論〉

延續師兄創作〈禪本草〉的風格，湛堂文準禪師也寫下了〈炮炙論〉。他以不辨藥草，錯服方藥的惘然徒勞，來強調自宗禪法的珍貴與精妙之處。他將〈禪本草〉解讀為禪法的理論基礎，猶如學醫過程中，需學習辨識藥草的外觀、體性、滋味與功能等。文中明確指出修行者如果缺乏按部就班的學習，將會招致各種過失。

原文前半段如下：

人欲延年長生，絕諸病者，先熟覽禪本草。若不觀禪本草，則不知藥之溫良，不辨藥之真假，而又不諳何州何縣所出者最良；既不能窮其本末，豈悟藥之體性耶？近世有一種不讀禪本草者，却將杜漏藍作綿州附子。往往見面孔相似，

便以為是。苦哉！苦哉！不唯自悮，兼悮佗人。故使後之學醫者，一人傳虛，萬人傳實，擾擾逐其末，而不知安樂返本之源。日月浸久，橫病生焉，漸攻四肢而害圓明常樂之體。自旦及暮不能安席，遂至膏肓，枉喪身命者多矣。良由初學麤心，師授莽鹵，不觀禪本草之過也。

在掌握了禪法的基本要領之後，有賴更進一步的實修體驗。文準以清洗、撿擇雜質、切輾、篩選，以及炮製、淬鍊藥材精髓的過程為喻，講述禪修的步驟。如下：

若克依此書，明藥之體性，又須解如法炮製。蓋炮製之法，先須選其精純者，以法流水淨洗。去人我葉，除無明根，秉八還刀，向三平等砧碎剉，用性空真火微焙之。入四無量臼，舉八金剛

杵，杵八萬四千下，以大悲千手眼篩篩之，然後
成塵塵三昧，煉十波羅蜜為圓。不拘時候，煎一
念相應湯，下前三三圓，後三三圓。除八風二見
外，別無所忌。

文末，再次強調了實踐的重要；猶如藥效強
弱，必得親自受嘗才知高下。他將〈禪本草〉與
〈炮炙論〉定義為一組理論與實踐的操作手冊。若
能先研讀〈禪本草〉，再依〈炮炙論〉實際操演，
必定藥效加乘，功力倍增。

此藥功驗不可盡言，服者方知此藥深遠之力，
非世間方書所載。後之學醫上流，試取禪本草
觀之，然後依此炮製，合而服之，其功力蓋不
淺也。

　　佛教視身心為一個有機的整體，互為表裡，缺一不可。身體機能的完善運作，有賴健全心靈的促動。然而，教法與行持的指南，逐漸偏重於淨除煩惱，與提昇心靈層次，致使身體的養護漸漸失焦，則是不爭的事實。不知宋代禪師注重養生的風氣，是否有意矯正這種偏頗的傾向。在禪修的調身、調息、調心三大基礎原則下，禪師對於身體的關鍵作用，有著超乎常人的洞見及敏銳觀察。這也是在閱讀禪門著作時，除了欣賞禪師的文采、禪機之外，非常值得我們留心的一面吧。

明清佛門涉醫人物

　　明清佛教除了禪宗、淨土宗以外，其他宗派都未見繁榮發展，因此在中國佛教史上，屬於相對沉寂的時期。但同時，佛法的信仰卻能夠普及於社會各階層，士大夫等菁英知識分子，好樂佛學者也不在少數。

　　明代在中醫藥學的發展史上，被認為是黃金時期，承接了元代的儒醫傳統。元代有些不願在異族統治下出仕，或無緣進入官僚體系的儒士，轉而習醫、行醫，形成了一群所謂的儒醫專業人士。他們的醫療知識與技術，透過家族世襲傳承，及至明代，「以醫為業，世代相承」的世醫，儼然成形。此外，因圖書事業的發達，也使得醫療相關文獻大

量出現。其中包含以佛教用語所編撰的醫書目錄，
反映了儒醫與佛教的交涉情形。

　　明代僧傳中，僧醫行醫的故事較為罕見，僅有
一些僧尼患病的因應之道，或透過宗教修持而自癒
的感應描述。本文首要關注的，是僧人對於身體、
疾病與治療的觀點，其次是明清時期醫藥學的發
展，以及佛門人士參與其中的情況。

雲棲袾宏法師

　　雲棲袾宏（1535－1615），又稱蓮池大師，
明末四大師之一。他在禪風鼎盛的時期，倡導持戒
念佛、戒殺放生，日後被尊為蓮宗八祖。袾宏曾寫
過一首饒富趣味的蛀牙詩，是戲謔的牙痛全紀錄。
現存的《雲棲法彙》中，從他答覆弟子、居士的
書信往來等資料，可發現不少對疾病治療與養生的

看法。

　　他在回覆嘉興朱西宗居士的信中，關懷朱氏的患病之餘，更提供三點原則，分別為對治、調攝與正念。他認為勞鬱所致的疾病，對治之道在於「以逸治勞，以舒治鬱」，亦即放下萬緣，知此身如幻，隨緣順受，坦然面對必然的生死大關。調攝方面，須節制飲食，謹慎服藥。袾宏對於藥材性味、用藥適切與否，也有相當的認識。他指出「知柏芩連等苦寒之劑，使金寒、水冷。陰未能滋，火未能降，而胃氣先敗，食不下咽或洞泄，危矣」。另有一封答松江徐警庵郡守的信中，也提到「不宜服藥太多，不宜服藥太雜，宜稍稍服平和美劑。而節飲食慎起居之外，當空其心，萬緣放下」。顯現他對於藥物的使用，極為謹慎。

　　除了對已生之病的對治、調攝，更重要的是提起「正念」。深刻體察「身從業生，病即苦中

之一」輾轉相生的因果循環。要是無法由此得力，可用念佛、參話頭做為方法，「只消提一句本參念佛話頭，回光自看，識得此念下落，則惑自破。惑破，則展轉消滅，亦復如是」。

如何在病苦之時，用功排遣，應是袾宏經常被諮詢的一道人生課題。他多次勸撫居士「於病中當生大歡喜」，因為逆境時最易起道心。又如「人於病中當生大解脫，任其死生，莫起恐怖。又過去如幻、現在如幻、未來如幻，盡情放下，單持正念而已」。安然面對，提起正念。若想快速痊癒，良方正是「莫懷速愈之躁心」。

他將患病之人歸為四類，即愚夫、初學、大賢者與諸佛。凡愚之人往往因病而忘失正念，不知如何面對病苦。初學佛者，知道用心之處，故能「堅持正念，善巧排遣」。更勝者，已然嫻熟正念的運用，不為病痛所擾，也就無關排遣，「病忘其病，

正念自如，不須排遣」。最上乘的情形，則是諸佛
示現病相，只為觀機逗教。

　　袾宏也一針見血地點出，當我們勸慰病人時，
「放下」二字總是說來容易，可是一旦自身大病臨
頭，「都忘卻開導他人言語，依舊空不去、放不
下，束手無措，甘伏死門而已」。因此，他提醒學
人，身體康健時就要老實修行，「即今目前就要放
下，若待病生方做手腳，所謂寇至築垣，亦復何
及」。當敵人逼近時才想要築牆防禦，只是徒勞。

　　袾宏曾著《直道錄》一書，針砭時事流俗，
其中有數則與醫療有關的主題。〈醫議〉之一，舉
出四種常見的醫療謬誤來說明行醫的困難。這四事
是「涼藥治損謬」、「炮製失宜謬」、「認藥舛錯
謬」，以及「率意處方謬」。分別涉及藥性的涼、
熱與辨症虛、實的微妙應變；以童尿浸參的流俗不
當；錯認藥材以及隨意下處方的過失等。〈醫議〉

之二，主在論述「服藥得當為上治，失宜為下治，不服藥守病為中治」的觀點。延續上一則辨症與用藥「差之毫釐，生死系焉」的立場。無怪乎他經常勸人服藥不宜太多、太雜。從這些論述中也可推知，袾宏對於中醫藥學絕不陌生。〈信巫不信醫〉一則，引古醫書破題——「《內經》以信巫不信醫，列於五不治」，對於杭州鄉村尚巫的風俗，直言可笑。

袾宏多次在「病中起修」的問題上提及正念，並以能否持守正念，做為分判高下的標準。暫且不細論他所指的正念具體方法為何，這些修行指南足以說明，袾宏算是近世中國佛教歷史上，倡導將「正念」運用於疾病療法的高僧之一。對於當代正念在臨床醫療上的運用爭議，特別是有關解脫的最終訴求，或許袾宏的療法論述，值得我們再深入爬梳、學習。

三峰派的禪師

　　《沙彌律儀毗尼日用》最初是由袾宏編輯，
清代石樹濟岳彙編注箋為《沙彌律儀毗尼日用合
參》，並由同為三峰派的師兄弟晦山戒顯（1610－
1672）審閱校訂、作序。濟岳除了在編排順序上稍
加更動外，另新增「看病」、「省親」等條目。

　　有關看病主題，濟岳先引《梵網經》見病不救
濟者，犯輕垢罪為背景；其次轉述律典中佛陀親自
照顧重病弟子，並因而制戒的故事，以及瞻病者須
具備的五種能力，即所謂的瞻病五德。之後列舉數
篇與瞻病相關佛典與僧傳故事，如〈高菴勸安老病
僧文〉、〈禪林寶訓〉、〈冥禪記〉、〈南嶽法輪
寺省行堂記〉等，當中提到許多僧人轉病苦為道用
的契機，菩薩示病、醫病、瞻病之功德，以及叢林
禪堂規制中，安置老、病僧的軌範。

　　濟岳註解《華嚴經》偈語「見疾病人，當願眾生，知身空寂，離乖諍法」。他說明菩薩見病的兩層思維：（一）視他病如己病，外以草藥療治，內以柔和軟語寬慰其心。（二）眾生以情執而成痼疾，菩薩隨病因破情執，予藥斷苦。後兩句是對病的處方。人，因有身體而有病。四大和合所成的身體，稍一失衡，即成乖違。而能離乖諍的法藥，便在於知道身體只是暫有，而非恆常永存。體認隨緣幻有之身為真空寂，病就無所從起。

　　濟岳也憶及同門師叔──徑山具德弘禮（1600－1667）禪師。弘禮擅長治療各種禪病。每日晨間要務，是察看禪眾身體狀況。對於病人所需藥物，無論多貴重，只要有益於病情，必定悉數給予，毫不吝惜。數十年如一日，不曾厭棄。濟岳又以「善財採藥」典故做為鋪陳，論述看病乃六度齊修的道理。

　　文殊菩薩命善財童子採藥的故事，未見於經典中，是流傳於宋代以來禪籍中的一則典故，可能是改編自律典中耆婆療病的事蹟。善財採藥的故事中，機鋒對答的重點在於「無處不是藥」，以及「藥能生人，亦能殺人」。用藥如用兵，不得已而用，切不可使兵亂為賊，落入藥亂為病的惡性循環。

　　菩薩修行，不外上求佛道，下化眾生，自利與利他兩途。「向上事，未能頓悟；且以向下事，為子道破。向下事者，六度齊修，亦可以漸及向上事。」濟岳這段話在鋪陳照看病人的功德，如同六度兼修，殊途同歸。看病福田，施予藥方，即為布施。不畏看護病患之穢臭，即為忍辱。病由貪、瞋、癡成疾，慈心對待，不貪、不瞋、不癡，即為持戒。看顧病人，不疲不倦，為精進。知病根源，不謬錯照看，即智慧。「拈一味藥，照用隨時，臨

機變化。生之以殺，殺之以生，惟在掌握中運之。所謂醍醐毒藥，一道而行，即禪波羅蜜也。」最終濟岳以禪的隨緣變化妙用，做為總結。

三峰派禪師當中，兼通醫理的人，應不在少數。弘禮之外，濟岳便是其一，他曾自言：「於癸巳冬薙髮，意將棄醫參禪。噫！禪豈別有耶，祇消明盡醫理，佛法自然現前。」行醫與參禪，世、出世間隨緣度眾，歷緣對境都是用功處。此外，晦山戒顯曾寫《佛法本草》一書，可惜已經失傳，無從得知他是否也以本草體例，撰寫修持指南。又，《聖水寺志》提到，寂章密印禪師「自幼披剃，受具足于靈隱具德禪師。以醫能救濟眾生，遂紹宏泉之技，且命如不能作人天師，不妨精岐黃術」。行醫能解除病患的老、病之苦，可說是極為直接的利生途徑。

蕅益大師曾指出，眾生身病源自於對成見的

執著，禪病的成因也是如此。要是對定見之法，執
持不忘甚或固執己見，都會成為病根。徹底的解決
之道，在於全然捨棄心中固守的功德、高見，否則
都將禍害法身慧命。整體來看，佛法雖強調身心一
體，但實踐上更側重心的修持；更甚者，則是輕視
世俗的養身與養生之說。這樣的傾向，是近世中國
佛教的基調。

　　根據中國醫學史的研究顯示，宋元以來，中醫
學流派大增，百家爭鳴，但也出現了醫理誤謬，學
者莫衷一是的情況。明代儒醫有鑑於此，著手編撰
醫學典籍，以確立醫學正典與道統。如明代萬曆年
間，太醫院刊行《百代醫宗》，清乾隆年間的《御
纂醫宗金鑑》等，這些以醫宗為名的醫療典籍，說
明了醫學正典化的傾向。

　　明代也是圖書出版事業發展的黃金時期，加上
士人藏書風氣頗盛，醫學文獻與專科目錄學大量出

現，這些都反映出中醫的知識分類與發展成果。兼具儒士、醫者與佛門居士身分的殷仲春，就在他的醫書目錄編輯工作上，帶入了佛教元素。

殷仲春

明代醫家殷仲春，自號東皋子。由於結識許多醫家、收藏家，有機會接觸大量的醫書。因深感醫書浩瀚，而著手編目，以利後人檢閱。全書分二十函，採二十種佛教名相、用語，為醫書分類編目，體現他浸淫佛學的程度。例如〈普醍函〉，取佛教醍醐──依法解脫熱腦，以得清涼之義，收錄歷代本草類書。又如〈妙竅函〉──針灸，〈機在函〉──眼科等。此外，更彷佛典藏經之義，將該書命名為《醫藏目錄》，於崇禎年間刊行，是現存最早的一部醫學專科目錄。雖然全書四百多部書目，並未涵

蓋任何佛典中與醫療相關的經典、論書，是一部中醫學目錄。佛門特色主要反映在編著者的醫德理念上。

殷仲春與佛門僧人交遊往來密切，黃葉庵詩僧智舷是其一，並為《醫藏目錄》作序。序文中提到：「先生之所以撰醫藏書目，欲與世之業醫者同乘此筏，游于病苦之海，令彼已病、當病、未病、憂愁苦惱者，同登安樂之彼岸，然後已乎。」殷仲春在自序中也提到，人命珍貴，而護生則有賴醫術精良。編寫此書的目的在「濟度群生」，將仁醫情懷與菩薩的慈悲利生、拔苦與樂的精神融為一體，融通醫道與佛道。十九世紀日本漢醫學家丹波元胤所編輯《醫籍考》，就被認為大量引用了殷仲春的這本目錄。

除此之外，明、清兩代佛門人士所撰述的醫書，類型頗多，略舉數例如下。

喻嘉言

　　喻昌（1585－1664），字嘉言，晚年自號西昌
居士，明末清初醫家。年輕時隨俗求取功名，上書
建言卻壯志難酬。後返歸故里，以「不為良相，即
為良醫」自許，研習岐黃之術。中年時遁入空門，
出家習禪悟道十餘年，然懸壺濟世之心從未泯滅，
故還俗以醫為業，晚年定居江蘇常熟。喻嘉言醫
術高超，治人無數。著名的醫學三書分別為《寓意
草》、《尚論篇》，以及《醫門法律》。喻氏一生
歷儒、習禪、行醫，其醫學著作中充分地體現了佛
教思想。

　　　《寓意草》是以筆記體裁寫成的醫案書。《尚
論篇》本名《尚論張仲景傷寒論三百九十七法》，
以〈尚論篇〉為卷首，概述張仲景《傷寒論》大
意，以及後人王叔和等重編與詮解的錯謬。原本

冗長的書名，也漸被《尚論篇》取代。全書以三陽
（太陽、陽明、少陽）、三陰（太陰、少陰、厥
陰）等六經為各篇主題，綱舉目張，條理清晰，被
醫家稱為善本。

　　《醫門法律》是一部綜合性醫書，共分六卷。
卷1論述望色、聞聲、辨息、問病、切脈等，以及
《內經》、《傷寒論》的辨證、治療法則。卷2至
卷6，則以風、寒、暑、濕、燥、火及雜證等主題分
別詳述。在每一則主題論述之後，附帶指出醫者在
判斷症狀與治療時，容易誤判的情況，加以警示，
故稱之為律。更簡要地說，「法」在強調醫療的原
則與靈活運用之道，「律」則是指陳醫療失誤的原
因，與醫者所負的罪責，所以全書稱為《醫門法
律》，受佛教戒律道德觀影響甚深。

姚瀾

清代醫家姚瀾，曾出家為僧，又稱維摩和尚。《本草分經》一書的編排，先繪「內景經絡圖」的圖例，次列本草總覽（如草、木、菓、穀、金石、水、禽、蟲、魚等），再詳列能通行各經絡的藥草，以及不循經絡的雜說。

普淨法師

清代天台僧普淨，則是留下一部痧病專書《痧症指微》。本書分上、中、下三部，依病位與病勢詳述各種痧症的刺、按穴位療法，並附有簡要的藥方與煎服法。

丁福保

　　清末的丁福保（1874－1952）被稱作是百科全書式的學者，他翻譯並刪定日本學者織田得能的《佛學大辭典》，對於近世中國佛教教育的普及有深遠影響。除了翻譯佛學辭典之外，他還曾受派赴日考察醫療機構。回國後，他翻譯了大量的日文醫療用書約六十八種，自撰醫書十餘冊，彙編為《丁氏醫學叢書》。對於清末現代化的推進，具有相當的貢獻。

Chapter 4

寺院療病

療養院與藥藏局

縱觀中國醫療史，唐代不論在醫藥知識的普及，或是醫療機構的設置等，都有出色表現。不過唐代的官醫制度，只推及到「州」的層級，無法更深入地方區域。而宋代的醫療與醫學教育制度，雖往下推展入「縣」的層級，但偏遠地區的醫療資源依舊有限。宋代為人津津樂道的「惠民藥局」，是到南宋末年才有，而且官方藥局多半設置在城市中。也就是說，唐宋以來，官方雖有意將醫療普及於民間，但庶民醫療資源仍然分布不均，醫療政策的落實情況並無法保障大多數百姓的日常疾病治療；對於大型傳染病疫情，也未能有效掌控，往往造成大規模死傷。

　　唐代的國家律令，已經明確禁止僧、道等宗教人士從事醫療行為。宋代官方則大舉徵集、編定醫書，傾國家之力掌握醫療資源。這些都導致僧人逐步退出醫療專業領域。不過，即便專業的醫療行為失去了合法性，但寺院做為提供醫療救助的場域，卻意外成為彌補官方醫療缺口的重要資源。除了當作療護的處所之外，寺院也發揮了地方藥局的功能。

悲田養病癩人坊

　　唐武后掌政時期，以國家資金大力推展佛教及相關福利事業，不只在各地廣建寺院，更進而設立悲田院以收容孤苦兒童、老者；創辦養病院醫治病患，由寺院經營管理。此外，也在長安、洛陽設置悲田坊和養病坊。這類的社會福利救助，展現了佛

教平等布施的慈愛精神。

　　當然，也有僧人個別自發性地投入此類社福救濟事業，例如陝州龍光寺的洪昉、大明寺鑑真（687－763）都有創辦悲田養病坊的紀錄。在各種疾病中，癩病，也就是痲瘋病，被認為是最難醫治的惡疾，而佛教在傳統上，則認為其病因來自業障罪孽，可以透過懺悔等修行方式來療癒。南北朝有最早設立癩病養病坊的紀錄。僧傳中也有數則記錄治療癩病患者的例子，如北天竺烏場國人——那連提黎耶舍（490－589），就在寺院收容癩疾病患，予以救治並提供基本生活所需。《續高僧傳》中記載：「那連提黎耶舍……又於汲郡西山建立三寺，依泉旁谷，制極山美。又收養厲疾男女別坊，四事供承，務令周給。」

　　唐代牛頭宗禪師智巖（600－677）則是無畏惡疾，於「癩人坊」親自照顧患者，直到命終。《續

高僧傳》記載：「釋智巖，丹陽曲阿人……後往石
頭城癘人坊住，為其說法，吮膿洗濯，無所不為。
永徽五年二月二十七日，終於癘所。」

　　宋代官方醫療的全面掌控，讓部分佛寺成為提
供醫療空間的場所，官醫是主要的診治者，僧人則
成為「看守僧」，負責照顧病患、煮藥、煮粥。僧
人的身分，由醫療者轉變為照顧者、勞務者。

　　佛教文化中，探病乃至照顧病患，被認為是
悲心的實踐。律典中一再強調施藥供養、悉心照料
病人的重要。本書前文曾經提到，佛陀規範弟子應
互相照應，照看患病比丘，並且說「若欲供養我，
應供養病人」。悉心照料、供養病人的功德，就等
同於供養佛陀。而看護病人時，則有五件應做與不
應做的事情，在《增壹阿含經》中，統稱為瞻病五
法。明代編輯《三藏法數》時，則改稱為瞻病五
德。瞻病五德如下：

　　一、知病人可食不可食。也就是說，看護者應清楚了解病人的病況。照料病人的飲食時，更需謹慎準備適當的食物。不應任由病人隨其平日愛好挑揀，而應以病症為考量，遵照醫囑，提供有助於康復的食物。

　　二、不惡賤病人大小便利、唾吐。當病人病情嚴重，排泄、嘔吐等情況都無法自理時，照護者不應心生厭惡，而更應以悲憫心來軟語慰藉病人。事實上，沒有人願意以如此脆弱不堪的面目示人，照護者此時清理的不只是病人的穢物，同時也是藉事鍊心，修行的好時機。

　　三、有慈憫心不為衣食。在佛陀時代，如果患病的比丘最終往生了，佛陀允許照護者可接收病人所遺留下的衣物。但在多人照護的情況下，照護者可能會對遺物分配有所爭執。因此才會強調，應發起慈憫心照料病人，不可以索求衣食為動機而

瞻病。

　　四、能經理湯藥物等。如上述，照護者要有能力辨別適合病人的飲食乃至湯藥等，如實告知病人，並恪守原則。

　　五、能為病人說法。除了看護病人、調製藥飲與供給物資以外，理想的瞻病者還要能與病人分享佛法，寬慰病人如何坦然面對、接受病苦的事實，並引導病人在病中用功，轉病苦為道用。照料病人的身心，使對方趨向健全、圓滿，也是瞻病者積累自身福德資糧的途徑，可說是自利利他的雙全之道。這反映了佛教在積極入世關懷之餘，也同樣重視修持解脫之道，凸顯佛教不同於其他宗教或慈善的特色。

　　瞻病是實踐菩薩道的重要練習題。《梵網經》中說：

若佛子！見一切疾病人，常應供養如佛無異。八福田中，看病福田，第一福田。若父母師僧弟子疾病，諸根不具、百種病苦惱，皆養令差。而菩薩以惡心瞋恨，不至僧房中、城邑、曠野、山林道路中，見病不救者，犯輕垢罪。

因此，無論病人是僧是俗，對瞻病者而言，照護病患的過程，是鍛鍊修行的好時機。世俗人士所在意的身分地位，在看護過程中，也就無關緊要了。

藥藏及藥局

所謂的「藥藏」，是指寺院儲存藥材，以濟世利生的一種作法。五世紀開始，中國南方寺院就出現藥藏的紀錄，此傳統延續至隋唐之後，是官方的

社會福利措施之外，宗教團體所提供的救濟服務。

　　從僧傳類的文獻中，我們可以發現不少相關的
事例。略舉如下：

　　竺佛調是東晉神異僧佛圖澄的弟子。而竺佛調
的俗家弟子，則曾將重病的家人帶到寺院附近，以
便就近諮詢竺佛調。據《高僧傳》記載：「竺佛調
者……事佛圖澄為師，住常山寺積年，業尚純樸不
表飾言……常山有奉法者兄弟二人，居去寺百里。
兄婦疾篤，載至寺側以近醫藥，兄既奉調為師。朝
晝常在寺中諮詢行道。」

　　宋齊時敦煌僧人法穎（416－482），專研定
學、律學之外，也樂於造經像、藥藏。《高僧傳》
記載：「釋法穎，姓索，燉煌人……住涼州公府
寺，與同學法力俱以律藏知名……後辭任還多寶
寺，常習定閑房，亦時開律席。及齊高即位，復勅
為僧主，資給事事有倍常科。穎以從來信施造經像

及藥藏。」

南北朝成實宗論師之一的僧旻（467－527），極受皇室禮重，於寺中儲備上等藥材救濟病患。《續高僧傳》中提到：「其年皇太子，遣通事舍人何思澄，銜命致禮，贈以几杖、鑪奩、褥席、麈尾、拂扇等。五年下勅延還移住開善，使所在備禮發遣，不得循常以稽天望。於路增劇未堪止寺，權停莊嚴因遂彌留以至大漸。良醫上藥備于寺內，中使參侯相望馳道。」

唐并州義興寺僧人智滿（551－628），出家以來持戒嚴謹，經常以斷食來抑制貪欲，除了必備的資具之外，別無長物。雖待己甚嚴，卻樂於救濟貧苦，經常備有醫藥救助之物資。資料亦見於《續高僧傳》：「釋智滿，姓賈氏，太原人……又偏重供僧勤加基業。慈接貧苦備諸藥療。㦬㦬遑遑意存利物矣。」

　　僧傳記錄中有類似善行的僧人，尚有《續高僧傳》記載十世紀北宋慧達，在癘疾大流行時，興建大藥藏，施藥給所需民眾。這些文獻資料，都反映出南北朝乃至隋唐時期，僧人從事慈善醫療活動的情況。

　　至於以寺院名義設立藥局的傳統，最早始於禪門。據學者研究，青舟一辨禪師（1081－1149）開啟了在禪寺中創辦藥局的先例，經費來自於信眾的布施。其他的寺院藥局，還有江蘇丹陽普寧寺、龍山壽聖寺等。宋代是中國醫學發展史的巔峰，國家對醫療制度的重視，反映在設置醫官職位，以及校正、官刻、編輯醫書等。處於這樣的社會氛圍，宋代佛門人士也積極入世，參與醫藥工作。

　　來到明代，佛教寺院不再如宋代，有著與官方密切合作的型態，而是以官方與地方仕紳合作，所組成的善會、善堂等機構較為普遍。這是不是因

為士人菁英圈的主流風氣，已轉變為儒、釋、道兼修，又或是由於官方有意限制佛寺的社會參與，仍有待釐清。然而，無論是否受限於政策的管控，鄉里間仍有佛教寺院自發性地提供醫藥服務，例如少林寺住持志隆禪師於1217年創辦「少林藥局」，不只利益僧眾，也開放信徒、民眾求診治療，深受百姓感念。

寺院為照顧老、病僧眾設立藥局、藥室的情況，從《禪苑清規》類型的共住規約等大、小規章制度，或是佛寺志一類文獻中，也可略窺一二。憨山德清大師（1546－1623）曾修復廣東曹溪寺，記錄修建因緣的〈中興曹溪禪堂香燈記〉中，便提到「買僧寮以為藥室」。《寶華山志》中，也有關於見月律師（1601－1679）重建寶華山建築，規畫藥寮的構想。而藥材的來源，可能來自佛寺周邊自然盛產的藥草，或栽種藥園，抑或是受皇室賞賜、接

受大施主的捐贈供養等。

　　佛教寺院無論做為社會救濟機構，或是提供醫療資源的藥藏處所，都與大乘菩薩道所倡導的拔苦與樂、濟世利人的大悲情懷相符。明末的覺浪道盛禪師，於〈題姑蘇建法藥寺療十方僧引〉一文中，提及他曾為黃道來居士的〈藥僧願〉一文作序，除了讚許黃居士以「藥草救療沉痾之弘願」外，對於疾病在道用上可發揮的逆增上緣，更有一番精闢的開示。他認為：「眾生因病悟幻，因病了心。以病為大良藥者，則亦取諸自身矣。」病苦觸發行者了悟身心如幻無常的事實，反成為解脫覺悟的一帖良藥。他更進一步勉勵：「能以法、藥二施則療一僧之身病，即可療盡天下眾生之心病也。續一日之危命，即可續萬世不絕之慧命也。」文中對於黃氏設置藥院的大願，給予各方面的肯定。

　　草藥可以治療身體的病痛，然而如果能夠善用

法藥,則病痛本身就是一條療癒之道,治癒我們迷
途的心。

少林禪武醫

　　在通俗文學中，少林武功是相當常見的題材，富含佛教意象。少林武僧刻苦練功、堅忍不拔的形象，被一再刻畫，積累層層的玄祕色彩與想像。以民間傳說「十三棍僧救唐王」為原型改編的電視劇、電影便是一例。慈悲、祥和、寧靜的寺院與僧人，被捲入爭奪、武鬥、打殺的俗事糾紛，劇情張力十足，十分引人入勝。此外，少林武僧也的確與皇權之間保持著一種微妙關係，無論在過去、現在，乃至未來，如何與當權者維持良好互動，都是少林僧必須面對的考驗。

　　少林僧人在華人社會中所代表的多元文化意涵，是很值得細究的主題，而本文將聚焦於漢傳

佛教寺院醫療的脈絡，介紹少林歷史、少林醫書著作，以及少林養生學在當代的運用。

少林歷史

　　河南嵩山少林寺的武術訓練，久負盛名。少林寺建寺歷史，據傳源自北魏孝文帝為安頓印度僧人跋陀，於495年在嵩山少室山建寺。跋陀等人初期以譯經、弘揚四分律學為主要志業。而傳說六世紀初菩提達摩到少林，廣傳禪學，少林寺遂成為禪宗祖庭，故事也廣為人知。

　　有關菩提達摩的流傳故事頗多，同樣被賦予非凡的神異色彩。但無論菩提達摩是否真的曾在少林面壁修持，能夠確定的歷史事實是，隋文帝時曾賜地百頃，於是少林寺成為田產富饒的大寺院。然而，卻也因此引來盜賊覬覦。又因地處山林，時有

猛獸侵犯，或因時局不穩，戰亂頻繁，出於自保，少林僧於是開始了習武的傳統。為處理習武過程中，因打鬥而不可免的肢體損傷，進而衍生出跌打損傷的傷科治療醫方與技術。

少林寺歷代武僧以禪修為基礎，並吸收了儒、道思想與中國傳統醫學。少林武術以禪心、禪意為心法，融入武德修為、吐納、氣化導引、經絡、陰陽五行說等。又充分利用山林中的豐富藥材，以直觀的治療用藥經驗，逐漸累積出氣功、推拿與點穴等療法，成為少林禪、武、醫三者兼備的特色。

「禪武醫」的整合，也可說是中國佛教發展史上重要的一環。有別於靜坐禪修，動態武術訓練同樣有統合身心的功效，並能活化淤滯的氣血，順暢全身筋絡。這與其他只強調心識、思辨的中國佛教義學傳統截然不同，而形成一種注重調節有形之身的作用與機能，充分展現身心、內外整合的全新之道。

少林醫書著作

　　少林寺歷代僧人所傳的醫書著作相當豐富，據傳最早有北魏洪遵的《少林寺針灸秘抄》和志剛的《少林醫僧寶囊》。後續在隋、唐、宋、元時期也有骨科、傷科、丸藥方劑等著作。

　　隋僧子升特別專精於點穴治病，他所撰述的《摩穴秘旨》，主要介紹以氣功醫治，以及人體常用的六十八個穴位的點穴治療方法。唐代志操擅長治療跌打損傷，著有《少室僧針灸秘經集》。他以針灸治療為主，如果針灸無法治癒，再以嵩山草藥所製成的各類丸、丹、膏等來輔助。另一位福湖和尚則撰有《少林傷科十大方》，並同樣善用針灸和草藥，治療止血、內瘀、厥症等。可惜少林武僧所撰述的醫書多數已失落，僅存書目資料。

　　1999年7月，中國大陸中華書局出版了一套

「大型國寶級圖書」《少林武功醫宗祕笈》，全套
共十冊。其中有部分內容後來也被收錄在《中國佛
教醫藥全書》的第29至34冊中，主要為清代少林僧
所編錄的各種傷科祕方與養生醫書。雖然少林傳統
認為達摩祖師傳下了《易筋經》、《洗髓經》等融
合佛法、武術與養生的著作，但客觀的研究觀點，
卻傾向這些應是後人托名之作。那麼，我們又該如
何來理解這些文獻呢？以傳統中醫學的發展為例，
中醫藥學著作也是歷經長期的實證、知識與技術的
積累，不斷在前人知識經驗的基礎上加以擴充、修
正，而豐富內容。因此，我們可以將這些少林醫
書，視為累代醫家、武術家集體創作的成果，而不
必因為是托名之作就否定其價值。

　　平心而論，這些武功祕笈醫書，與前述的佛教
醫學著作，確實相去甚遠。我們有必要了解一下這
些目前仍流通於市面上的少林醫書的成書背景。

　　宋元以來，佛、道兼修的情況普遍，甚至有儒、釋、道三教融合的傾向，這些是不爭的事實。在這樣的背景下，托名達摩祖師所傳，援用佛教大要，實則大量採用道教內丹功法、陰陽調和、提昇精氣神，構成了武術鍛鍊的主軸。以《宋少保易筋經》為例，該書的首篇〈總論〉中，解釋了洗髓與易筋的涵義：

　　譯曰：佛祖大意，謂登證果者其初基有二：一曰清虛，一曰脫換……所云清虛者，洗髓是也，脫換者，易筋是也。

　　洗髓之說，謂人之生感於情欲，一落有形之身，而臟腑肢骸悉為滓穢。所染必洗滌淨盡，無一毫之瑕障，方可步超凡入聖之門……。

　　所言洗髓者，欲清其內；易筋者，欲堅其外。如果能內清靜，外堅固，登聖域在反掌之間耳。

　　佛教在這類醫書中的作用，是提供一種模糊的
終極目標，如證果、登聖域等。雖然托言般剌密諦
譯出，實質內容講究的，卻是如何以有形之身練就
無形之神，也就是內在的精、氣、神與外在的筋、
骨、肉之間的互通關係。強身健體的最終目的，在
練就一個不壞之身，因此說「有形之身，必得無形
之氣，相倚而不相違，乃成不壞之體」。

　　或許讀者會問，這能算是佛教醫學的著作嗎？
的確，這類佛、道融合的著作，往往被排斥於正統
的佛教視域之外。不過，也正因為這種雜糅的色
彩，使得這類「融合系」書籍廣泛地流傳於民間，
容易進入一般大眾的生活圈，成為一種養生的日
常。明清時期，祕密宗教結社盛行，結合不同宗教
色彩的各種祕方流竄，也間接對宗教雜糅起了推波
助瀾的功用。

　　回到歸類屬性的問題，這些少林武僧所參與

撰述的健身與治療的著作，即使有著援道入佛的色彩，仍然可以歸納於佛教醫學的大傘底下。有一種常發生於佛教徒身上的「潔癖」症狀是：「這看起來不像是佛教，所以我不接受。」如果固守這樣的觀點，那麼網路不是佛教，人工智能也不是佛教，難道我們就要全然棄之如敝屣，不屑一顧？

　　令我感興趣的是，少林功法與印度《瑜珈經》的鍛鍊，是否呈現一種平行發展的關係？又或者《瑜珈經》可能曾被引介入中土，與道教傳統曾有所交會，再藉由少林武術的媒介，進入了佛教的場域？這些都值得仔細探索一番。無論如何，少林醫書反映了明清以來少林武僧的身體觀與養生、療癒的知識。除了在醫療史與醫療人文上的研究價值，少林禪武醫學對於身處二十一世紀的我們，仍然大有可用之處。

當代養生運用

　　清末到民國期間，少林永化堂禪武醫的傳人，全力地保存了「心意把」功法。2001年少林禪武醫第十八代傳人釋德建，從行性法師處得到傳承法脈，常年於三皇寨潛心修練禪法、武術與醫道，成為當代宣揚少林禪武醫的代表人物。

　　德建和尚所傳的少林禪武醫療法，主要有三種：一、氣化療法，二、藥物療法，三、飲食療法。氣化療法以少林一指禪功、二指禪功打通凝滯的氣血經絡，氣血通暢則百病不生。

　　這套功法也引起學界注意。香港中文大學心理系陳瑞燕教授展開一系列的臨床心理學研究，將禪武醫系統與心理治療結合，並稱之為「德建身心療法」。

　　此法的四個基本要素是修禪、內養功、飲食

與通竅。這裡的「修禪」，是指心性、品德的陶養，雖與傳統禪法以明心見性、開悟解脫為目標，有層次上的差異，但對身心治療仍有其功效。「內養功」主要強調吐納，主張丹田呼吸法。飲食則禁食一切葷食、辛辣等刺激性調味，強調天然飲食。「通竅」的竅，則是指人體的開口，即與外境接觸互動的管道。重點在於人與自然的和諧關係。這種以中國傳統文化為基底所進行的心理治療，跳脫了西方療法的局限，禪武醫的精髓也因此得以普及於當代社會。

　　在少林寺官方網站上，以「少林醫宗」為主題，羅列了少林藥局、少林醫藥、禪醫源流與研究、素食養生法等。細節有少林藥局各類產品以及配方介紹等，方便大眾上網點閱瀏覽。

　　與少林武術相伴的身心保健養生法，是推廣少林禪武醫的一條方便路徑。以靜禪練心、動禪練

功，佐以醫藥的調理，少林禪武醫對世間的芸芸眾
生，都有著強身與養生的實用價值。

竹林女科

中國佛教曾經孕育出一處打破醫學傳統的獨特寺院，那就是以專治女性疾病聞名的竹林寺。

傳統中國醫學主要以成年男性為分析對象，而對於女性的生理與疾病、診斷等，醫典中往往另闢章節處理。中醫發展初期的經典之作，如《黃帝內經》、張仲景的《金匱要略》、王叔和的《脈經》等，都可見到討論婦科的專門章節。傳說就連名醫扁鵲，都曾因從事婦科醫療，而被戲稱為「帶下醫」，諷諭他專治腰帶以下的毛病。

隋唐五代之間，對於女性、婦產疾病的知識逐漸增加，醫書中的相關篇幅也有擴大趨勢。孫思邈的《千金要方》中，將胎產主題列於卷首，廣泛地

論述了求子、妊娠、產難、胞衣不出、月經等婦科雜症。王燾的《外臺祕要》則記載避孕、墮胎的處理，顯示當時社會已考慮節育問題。而理論最為完備的產科專著，被認為是咎殷的《經效產寶》，體裁仿自孫思邈的《千金要方》。

　　宋代官方醫學教育中，列出了產科一門。婦科專書更是大量出現，較為著名的有陳自明（1190－1270）撰寫的《婦人大全良方》，在運氣學說盛行的宋代，別出心裁地提出「以血為本」的觀點。被視為是中醫重要發展期的金元四大醫家——劉完素、李東垣、朱震亨、張從正，隨著臨床經驗的大量累積，分別提出不同的醫療觀點，形成四大醫學流派，依序為火熱說、脾胃說、養陰說，以及攻邪說。他們對於婦科疾病的診治，自然也各有不同的下手處。例如劉完素的胎產論認為，婦人與童幼皆屬少陰，因而提出少女著重補腎、中年著重調肝、

絕經期著重理脾的說法。

　　而專治婦科的竹林女科的出現，則是典型匯集僧醫、寺院醫療服務，以及專科診療，獨一無二的例子，更是十分難得且珍貴的中國佛教寺院醫療典範。

竹林寺簡史

　　竹林寺位於浙江會稽一帶（今杭州市蕭山區），創建於五世紀末。清光緒年間，方昌翰為《竹林女科證治》一書所寫的序言中提到：「蕭山有寺，曰竹林，其創建殆不可考。寺僧得異人術，薈治疾病，於女科尤精。病者遺媼，以所患聞於老僧，老僧應手付方，投無不效。以此竹林女科之名，震於遐邇，遂為會稽郡增一勝事。」這個說法，十分簡要地略述竹林女科興起的緣由：原本

默默無聞，因寺中老和尚擅長醫治婦科疾病，且藥
到病除，無病不癒。逐漸地，口耳相傳之下，聲名
大噪。

　　另有較為詳細的版本，則講述該寺最初由悟
真禪師創建，名為「古崇寺」。約在五百年後，寺
僧高曇「得異授而興醫業」。根據《竹林寺世乘》
中的說法，在高曇出現之前，並未有僧人行醫，甚
至也沒有宏偉的殿堂建築，僅是一處靜養修行的處
所。傳說後來有一風骨翩翩、言辭不凡的神祕修道
人來此暫居，與高曇甚為投緣。某次高曇外出歸
來，道人已不見蹤影，紙在桌上留下數百行蠅頭小
字。高曇細讀之後，恍然大悟，竟是胎產前後之祕
方數十種，以及胎產至要辯論、診法共百餘條。高
曇日夜精進誦讀，研習岐黃之術，他的診斷益發高
明精準，治療百無一失。隨後，高曇禪師在古崇寺
原址的基礎上，擴建振興寺院，更名為「資國看經

院」，並成為竹林寺僧醫的創始人，專治女科。在北宋建國之初，太平興國七年（982）受賜為「惠通院」。也就是說，在十世紀左右，該寺醫治女科已有卓越成效，並獲官方肯定。

因宋高宗遷都臨安，浙江成為南方主要的政、經、文化重鎮。中醫婦科也隨之繁榮發展，形成有名的四大婦科流派，即蕭山竹林寺女科、寧波宋氏女科、紹興錢氏女科、海寧陳氏女科。竹林寺名列四大女科之首，足以顯示當時地位備受推崇。

竹林寺的僧醫都以治療婦科聞名，其中一位醫術最高超的是曉庵禪師，他以祕方治癒了理宗皇后謝道清的重病。1233年理宗正式親政時，賜封他「醫王」的頭銜，並賜「曉庵」、「藥室」、「惠濟寺」等匾額。理宗甚至賜予該寺十世醫王頭銜，也就是自曉庵上溯四代，下延五代，皆受封醫王，享有莫大榮耀。十三世紀左右，應是竹林女科的鼎

盛時期。

　　明末則因戰亂，竹林寺僧四散，一度榮景不
再。來到清代，竹林女科也歷經幾度盛衰，不過根
據《蕭山縣志》的資料，在康熙、道光年間，竹林
寺都有修建殿宇、佛像的紀錄，寺僧行醫的事蹟則
斷斷續續，直到清末。可惜，竹林女科最終因利益
衝突與時局動盪等因素，而完全式微。竹林僧醫總
計有一百零七代傳人，前後歷經約一千五百年之
久。在興盛時期，寺中設有診療堂、藥室等，雖名
為禪寺，對地方百姓而言，與杏林無異。

醫書與特色

　　明清之前，竹林女科醫書並未廣泛地流通於民
間，晚近才有刻版流出。現存可見的醫書，多半署
名「竹林寺僧」撰，推測應該如同少林醫書的成書

過程，是歷代竹林寺僧的集體醫療經驗的總合；也如中國多數的醫書，強調是祖傳祕方。

竹林女科的相關著作多以「祕傳」、「祕方」、「祕要」來命名。清代康熙、乾隆兩朝有不少刊本，種類多達三十餘種。乾隆時期刊行的《竹林寺女科秘傳》，是婦科醫書中收錄方劑最多的版本，有極高的臨床實用價值。而當代除了1999年蕭山市衛生局精選各版本，輯錄為《蕭山竹林寺女科》之外，《中國佛教醫藥全書》中的第26至28冊也收錄竹林寺僧人撰述的五種祕傳著作。分別為《竹林女科證治》四卷（又名《寧坤秘笈》）、《婦科秘方・胎產護生篇》、《胎產新書》、《竹林寺女科秘傳》、《小蓬萊山館方鈔》。

以《竹林女科證治》為例，全書共四卷，分別以〈調經〉、〈安胎〉、〈保產〉與〈求嗣〉為主題，再各別細分上、下兩篇，羅列各式症狀以及

相應的對治藥方。以〈調經〉卷為例，對於婦女年紀與經期症狀，條列得十分微細且具體，讀者幾乎可以按圖索驥，依分類以及所附的藥方、炮製法，自行煉製服用。之所以能夠做到具體而微的症狀描述，背後所代表的，應是大量臨床實證經驗的累積。但讓人不明白的是，依照女性生育的順序來說，〈求嗣〉應在〈調經〉與〈安胎〉之間較為合理，無法確定上述四卷的編排順序，是否有特別用意。

竹林女科的特色，分別呈現在理、法、方、藥上，其醫療特色是所使用的方藥，多為容易取得的藥材，雖然價格便宜，但卻相當靈驗。不論是內服或外治，都能視情況靈活運用，並不拘泥於先人的祕方。此外，也極重視調理脾胃，善理氣血，配合節氣，以飲食養生，完全符合現代預防醫學的概念。

　　根據相關研究資料顯示，此傳統在辨證上以肝、脾、腎三臟功能為主要考量。診斷方面，因僧俗身分及男女之間有所不便，所以著重於問診，而非觸診，主要透過女性患者的自述來了解病況與病情。治療方法則以調和氣血，紓解鬱悶為原則。在用藥方面，最為有名的是「太和丸」與「生化湯」。前者對於婦女各類經期相關症狀皆有療效。主要配方有制香附、制蒼朮、廣藿香、淨防風、嫩前胡、紫蘇葉、薄荷葉、川厚朴等，共二十餘味藥材配製成丸。婦人產後飲用的生化湯，主要在促進排除凝滯的瘀血，並產生新的活血，除舊布新，加速產後婦女恢復體能。

　　竹林寺女科可說是寺院醫藥文化的重要典範，其婦科診療知識傳承綿延至今，足見其歷久彌新的特色。

竹林女科的佛門色彩

　　竹林女科的傳承精髓，在於以傳統中醫之婦、幼科為基調，導入佛教慈悲不殺、因果業報、鼓勵善行等虔敬信仰行為。求治者陳述自身症狀的同時，僧醫的耐心傾聽以及適時的佛法開導，不只成為女性宣洩情緒的出口，也給予極大的精神支持與安慰。對於長期受困於集體社會壓力下的婦女而言，這樣的求診經驗，無異同時兼顧了生理與心理。以現代語言詮釋，就是身、心、靈全方位，面面俱到的整合療法。僧人的慈悲形象，也比世俗醫者更容易取得女性患者的信任。在本草藥療之外，佛法甘露的滋潤也發揮極大妙用。讓糾結的心念能豁然開朗，或許就是竹林女科簡易平實的藥材，能夠發揮莫大療效的最主要原因。

　　而佛教內部對於僧人從事醫療行為，又抱持著

何種看法呢？這裡舉兩部類書為例。梁僧佑（445－518）所編的《弘明集》中，收錄了道恆（346－418）所作〈釋駁論〉一文。文中對於僧人所從事的世俗職業，如農作、商務、行醫、占卜等，直言是「皆德不稱服，行多違法」。北宋僧人義楚（895－968）仿白居易《六帖》體例而作的《釋氏六帖》卷7提到，「醫不應學」，並引《正法念經》為證。如：「比丘不應學治病，以藥多殺蟲，生貪故。為令食肥膩新肉，命類為藥。」主要理由似乎在於製藥或以肉食為藥之名，所導致的殺生惡業。進一步確認經文內容，論及制戒因緣，主要是為了預防比丘因學醫術，而導致荒廢禪修，以及誦讀經典等正行。

　　普天之下，無不是藥。也因此，動物性藥材並非唯一的用藥選擇，仍有許多可替代的本草選項。至於學醫是否一定會導致荒廢正行呢？則仍有許多

討論的空間。如我在本書序言中所分析，漢傳佛教的寺院教育發展過程中，從未真正落實五明教育。我認為這是漢傳佛教沒有僧醫傳統的主因。這也使得竹林寺成為相當罕見的例子。

女性從受孕之初，到圓滿生產之前，都需要承擔許許多多的風險。這種為了孕育、護佑另一個生命，所生起的責任感與勇氣，就是母愛。從佛教的角度來看，這也就是菩薩精神。竹林僧醫在面對這些需要安胎、養胎，即將成為人母的女性，以醫術及佛法，引發她們以慈悲、利他為核心的行持信念，可說已成辦了借醫弘道的使命。

Chapter 5

法的藥方

懺悔療法

懺悔的意義

　　「懺悔」一詞，是我們日常生活中的慣用語，用在對自己的過失，表達悔過與歉意。而在漢傳佛教文化，佛教徒對於如何實踐懺悔，更是極為熟稔。在正式成為佛教徒的皈依儀式裡，都曾複誦過〈懺悔偈〉：「往昔所造諸惡業，皆由無始貪瞋癡，從身語意之所生，一切我今皆懺悔。」這首〈懺悔偈〉原出自《四十華嚴‧入不思議解脫境界普賢行願品》，相當頻繁地出現在各種佛教儀式。

　　拆解字面來看懺悔二字，懺，是梵語「懺摩（kṣamayati）」的略譯，是請求他人包容罪業；而

與悔相對應的梵語為「阿鉢底鉢喇底提舍那（āpatti-pratideśana）」，是自白、陳述所造的罪狀。

在隋唐時期，中國佛教圈已普遍使用懺悔一詞。智者大師在《摩訶止觀》中，對於懺悔的詮釋是：「懺，名陳露先惡；悔，名改往修來。」由此反映出一種漢語語境下的詮釋方式，具有鼓勵行者向上、向善修持的作用。義淨在《根本說一切有部毘奈耶》卷15中，就曾依梵語來釐清懺與悔的不同意義。簡單地說，「懺」是請求原諒，而「悔」則是說罪的意思。

原始佛教時期的教團中，僧眾因違反律制所做的懺悔儀式稱為「懺摩」，依舉行時間或陳白、說罪的對象不一，而有不同名稱；如每半月所定期舉行的布薩，或是每年安居之後所舉行的自恣等。而在家眾違犯所受持的戒律時，自然也有相應的悔過方式，以求持戒清淨。這是僧俗二眾所共通的

修持。

懺法與懺儀

　　漢傳佛教中的懺法，始於晉代，漸盛於南北朝。特別是在南朝梁代，出現許多取用自大乘經典中與悔過相關的內容，所編輯而成的懺悔文。同時，也有相應而生的懺法、懺儀等。唐代道宣律師所編的《廣弘明集‧悔罪篇》中，就收錄了為數可觀的懺文；如梁簡文帝（503－551）所作的〈六根懺文〉、〈悔高慢文〉，士人沈約的〈懺悔文〉等。梁朝、陳朝有數代皇帝，都曾依大乘經典編寫過懺文，像是〈金剛般若懺文〉、〈妙法蓮華經懺文〉、〈金光明懺文〉、〈大通方廣懺文〉、〈虛空藏菩薩懺文〉、〈藥師齋懺文〉、〈無礙會捨身懺文〉等。同時期另有智昇編撰的《集諸經禮懺

儀》，這應是漢傳佛教最早的禮懺儀軌文本合集，可看出已略具儀軌展演、實踐的流程。

宋代被認為是懺法發展的全盛期，尤其以天台宗諸師著墨最多，如四明知禮、慈雲遵式、東湖志磐等人。他們延續智者大師的教法，強調修習止觀的必要前行，在於禮懺、除障，也對天台宗師所作的懺儀陸續增補，使之更為完善。天台懺儀於是逐漸成為漢傳佛教實踐法門的重要元素，如遵式所集，十科完備的〈金光明懺法補助儀〉，以及志磐的〈水陸道場儀軌〉等，都是近世流傳極廣的修法。

根據不同的大乘經典，修持禮懺作法，其作用與功能是相當多元的。除了淨除個人修行的各種障礙，使自己成為清淨的法器外，也有應用於社群的層面，諸如護國息災、疫病退散等作用。或許讀者這時會生起一個疑問：展演懺儀真的有效嗎？究竟

如何能透過懺悔，而成就療癒疾病的目的呢？

懺儀的療癒功能

這裡所謂的「療癒」，主要是指心靈層面的復原，而非身體生理機制的修復。我們肉身所罹患的疾病，或大或小，有些不需透過藥物等外力處置，便可自我修復；有些疾病則必須透過藥物等方式治療，方可復原。而我們最不願意面對的，是藥石罔效，群醫束手無策的情況。這時也往往是最易引介宗教修持的時機。

群醫之所以束手無策，可能是因為現有的醫療知識與技術，無法正確診斷出病因；或者即使能推知病因，但目前並無有效的醫藥可治療。這時候，如何正向地面對疾病，就是病患與其家屬最大的考驗了。

　　從佛教的角度來看，疾病的成因有一類被稱作業病，或業報病。顧名思義，也就是業因成熟，展現為疾病的果報現前。通俗的說法，大概不外是怨親債主上門。而民間信仰中，則往往訴諸祖先、風水之類的干擾。值得一提的是，佛教所說的業報病，也視業因輕重不等，並非專指醫療罔效的絕症。

　　透過實踐懺儀，對於凡情眾生的心理，必定會產生轉化作用。在接受因果法則的前提下，現在的我，承受不可知的過去，所造作的惡業之果。這樣的思維，已經跨越了「為何是我」的情緒糾結與陰影。隨著懺儀的實踐，稱讚禮拜諸佛、供養十方、持咒、作觀等修持，則是更進一步地積極行善培福，積功累德。無論是對於現前，抑或是未來，這些福德與智慧資糧都將成為轉圜困境的因緣。

　　至於積累福德、智慧二資糧，是否就意味著

可以將功抵過呢？不同的經典對此各有論述。例如《中阿含・鹽喻經》的立論基礎，是「隨人所作業，則受其報」，亦即造業必受果報。不過是否修持梵行，也將導致不同的業果，因此有「修行梵行，便得盡苦」、「不行梵行，不得盡苦」兩種截然不同的結果。這部經以鹽與水的比例多寡做為譬喻：將等量的鹽放置於一杯水與放在恆河之中，結果有天壤之別。鼓勵修持的用意，昭然若揭。而大乘經典則直接提倡「懺悔滅罪」，如《佛說佛名經》、《菩薩藏經》、《大般涅槃經》等。而陀羅尼經集中更是充斥著各種「懺悔滅罪」真言、「懺悔滅罪」手印的修法等。

　　事實上，我們無法秤斤論兩地去較量黑業與白業，計算怎麼功過相抵。不同經典的論述看似矛盾，卻各有其相應的說法對象，以及當機因應大眾而採用的方便說法。這些表面上的矛盾，各自有合

理的脈絡解釋。簡言之，透過懺悔，能激發出自我承擔後果的勇氣，而非沉溺於自怨自艾，乃至長年的烏雲罩頂、悲觀抑鬱。也因為承擔的勇氣，帶來了正面的能量，讓我們能夠隨著這股正能量乘風破浪，迎擊身體上、心理上的挑戰。這種坦然面對的勇氣與優雅，正是懺儀療癒功能的展現。

修懺儀以療病

前文提到，修持懺儀的功能頗為多元，最常見的是運用在修持止觀、三昧等禪修上。而如果只討論懺儀與療病之間的關係，從六朝時期懺儀法門的發端，療病這類尋求現世利益的訴求，就已經顯而易見。如梁簡文帝的〈謝勅為建涅槃懺啟〉便說道：「臣綱啟，伏聞勅旨垂。為臣於同泰寺瑞應殿，建涅槃懺。臣障雜多災，身穢饒疾，針艾湯

液，每黷天覽。重蒙曲慈，降斯大福。冀惠雨微垂，即滅身火。梵風纔起，私得清涼……。」

另外，梁朝譯出的《菩薩五法懺悔文》中，也提到「願設法藥，救諸疾苦，法雨流布枯槁眾生」，將病苦的指涉範圍，從身體的病痛延伸到法的生滅、無常之苦。此外，懺文中明確列舉修法的五個步驟，分別為懺悔、請佛、隨喜、迴向、發願。此舉可說是為日後的懺法立下了範本，例如《法華三昧懺儀》，基本上就承續著上述五法的內容與步驟。

現今普及的慈悲三昧水懺，懺儀的典故中，就陳述著一個具體的療病範例。懺法的序言提到，唐代悟達國師，因宿世怨結惡業，飽受膝上的人面瘡之苦。最終機緣使然，得以滌除怨仇。悟達國師因感悟殊異，而作此懺法，日夜禮拜懺悔。又因取「三昧水洗冤業」的象徵意義，所以稱為水懺。這

故事或許是後人假託，為懺法的由來增添神異色
彩，我們倒也無須拘泥在故事的可信度上。

　　故事中的悟達國師，為芸芸眾生樹立了一個典
範。他曾為十世高僧，嚴謹地持守戒律，所以怨家
無法趁虛而入。直到此生，國師蒙人主寵遇，名利
熏心以致損傷德行，終於讓怨仇有機可乘，業報現
前。整個故事情節轉折，張力十足，充滿濃厚警世
意味。

　　隨著懺悔的儀程，行者深切地檢討此生，以
及過去世久遠以來的惡業造作。具足勇氣承擔錯
誤，並承許未來不再犯錯，讓我們能夠勇敢地面對
過去、現在與未來。心靈淨化後，肉身也將隨之變
化。因為身心就是一個不可切割的整體，心淨則身
安，身安則能起萬用。

藥師經懺療法

　　「藥師法門」是漢傳佛教中，廣受推崇的修持法門之一。此法門以《藥師經》為核心，依經典所述，奉行憶念、持名；讀誦經典、持念咒語；廣修供養等等。在遭逢災厄苦難、困頓無助之際，藥師法門是人人皆適用的安心法門，因此而廣泛流傳於普羅大眾。

　　現存的《藥師經》梵本，是在克什米爾的吉爾吉特地區被發現。漢譯方面，曾被譯出數次。最早是東晉的帛尸梨密多譯《佛說灌頂章句拔除過罪生死得度經》，或簡稱《灌頂經》。這部經雖未以「藥師」為名，經文內容講述的是藥師如來的大願。之後有達摩笈多、玄奘、義淨等譯本，內容長

短略異。現今流通最廣的《藥師琉璃光如來本願功德經》是以玄奘版本為基礎，另外增加了義淨版本中的藥師神咒段落。

《藥師經》是佛陀對文殊師利菩薩講述藥師佛的淨琉璃世界，內容介紹了藥師佛在過去所發的十二大願，對於眾生現世的各種磨難，著墨頗多。此經整體來說，兼具世間、出世間的利益；或者其實對世間救度的關懷更多一些。這應該也是它易於得到共鳴，受廣大信眾接受、修持的原因。這一點與強調命終往生西方極樂世界的《阿彌陀經》，形成強烈對比。

穢土之實與淨土之願

藥師佛的十二大願，若根據主題來分析，大致可歸納為現世關懷、修持指引、度化方便，以及成

就眾生身與佛身一致無二的「生佛平等」之願。

　　「生佛平等」名列十二大願之首：「願我來世得阿耨多羅三藐三菩提時，自身光明，熾然照曜無量無數無邊世界，以三十二大丈夫相、八十隨好，莊嚴其身；令一切有情，如我無異。」

　　大乘佛教中，常以三十二種大丈夫相，以及八十種微細的特質，來描述佛身完美。藥師佛的第一大願除了標舉眾生與佛，凡聖之間，本質上的平等、無差別之外，對於光明、圓滿的「完人」色身的外顯，也值得留意。這個完美無瑕的佛身與凡人老病變異、衰敗的肉身有著強烈對比。對於生在五濁娑婆，且未來也可能生生世世流轉於六道的眾生而言，是最真切、最立即的領悟吧！

　　再如其他大願內容，也一再警醒沉迷的眾生，自己生於娑婆穢土的事實。如藥師佛的第六願：願眾生諸根具足，無有殘缺。第七願：願眾生眾病皆

除，身心安樂。第十願：願眾生遠離牢獄、刑戮之災。第十一願：願眾生受妙飲食，飽足其身。第十二願：願眾生得妙衣莊嚴，隨心所願。

在開導修行方面，如第四願：願眾生安住菩提，轉小向大而安立。第五願：願眾生持戒清淨，修行梵行。第八願：願厭離女身者，轉女成男。第九願：願眾生轉邪歸正，修菩薩行。最後有關利生事業的開展，則如第二願：願佛身光耀明淨，照破黑暗。第三願：願無量智慧方便，令眾生無有匱乏。

藥師佛在因地修持所發的這十二大願，也象徵從凡轉聖的過程。這過程中有對苦、集的確立，有修道的方向，更有利生的方便善巧。聲聞乘與大乘兼容，迴小向大，轉苦為樂，以及揭示眾生皆有高度的可塑性。誦讀經文，思惟法義，行旅如斯，道豈不成！

在一般的漢傳佛教通史中，對於明清時期經懺佛教的盛行，往往給予負面評價，認為這是佛教衰退的表現。然而，生、滅、榮、枯，便是自然法則。花開花落，風吹草又生。所有危機，都是轉生的契機。經懺盛行，或許就反映了當時的趨勢與需求，並不需要全盤否定。我覺得明清佛教最動人之處，就在於僧人面對動亂與衰退，所努力做出的種種因應之道與作為。

《藥師三昧行法》

天溪受登（1607－1675）是明清之際的僧人，他留下了幾部重要的修持儀軌，如《藥師三昧行法》、《瑜伽集要焰口施食儀》以及《准提三昧行法》等。他對近世漢傳佛教中「外顯內密」的行持風格，應有一定的影響力。民國初期，太虛、弘

一、演培等幾位法師也曾講說藥師法門，並留下著作。距今更近的，則有竺摩、印順法師等人的講記。

在《藥師三昧行法》的序言中，受登首先釐清三昧與懺悔間相輔相成的關係。因此，修持藥師懺法並非如文字表面，僅只是滿足現世安樂的需求。他認為此懺法「顯而且簡」。顯的原因在於，修懺時逐一吐露表白過失，悔過之意，顯而易見。而為除纏縛業障，懺除已作、現作之罪，則有如伐樹刨根，直截了當。

序言之外，這部《藥師三昧行法》從「定名」、「勸修」兩主題，釐清修法的精神與意義，再陳述實際修懺的「方法」，最後以「釋疑」終了。

關於實修的方法，受登規畫了次第完備的十個步驟，分別為：1.布置莊嚴道場，2.清淨身、口、意

三業，3.香、花供養，4.奉請三寶、諸天，5.讚歎三寶，6.禮敬三寶，7.發願持咒，8.懺悔除障，9.旋繞道場，10.思惟法義。

　　受登的這部藥師懺法，實際上涵蓋了修懺儀軌，以及儀典後的教義思惟，也就是所謂的三昧行持。上述的前九個步驟，從嚴淨道場到旋繞之間，是屬於禮懺進行的準備與流程；而在禮懺儀典完成後，行者仍需專注於思惟法義，這是禮懺後的用功要點，也呼應了他在自序中所提到的，以懺悔為前導，輔助三昧的修持與成就。

　　從內容上來說，受登以較長的篇幅，詳細論述「發願持咒」與「思惟義處」的內涵與精神。特別是「發願持咒」一段，他先分析藥師佛十二大願的深層意義，引導行人也學佛發願，之後持誦陀羅尼。他認為陀羅尼完整含攝三德，亦即「法身、般若、解脫謂之三，皆有常、樂、我、淨之謂德」。

也就是說，佛於三昧定中，放光說咒，總攝一切要義；行者依教誦持結願神咒，也就種下了成就的種子。

　　這部《藥師三昧行法》性質多元，有深刻的教理解析，有勸修釋疑，也規畫了懺法儀程。不過，上述的長篇內容，並不適用於懺儀的念誦。因此，日後出現了較為平易近人的《消災延壽藥師懺法》法本，又名《慈悲藥師寶懺》，作者身分不詳。

《消災延壽藥師懺法》

　　《消災延壽藥師懺法》共分上、中、下三卷，每一卷都由懺文與禮讚兩部分組成。上卷懺文主要介紹藥師佛因地發願之背景，以及十二大願的內容。中卷懺文可說是整部懺法的核心。首先對照過往的惡心相續、不信因果，而造作的身、口、意三

業眾罪，如今發露懺悔無始以來的過失。進而發菩提心，斷惡修善，三業精進用功。並且憶念藥師如來，祈請慈悲哀憐，救拔出離輪迴苦海。

在禮拜諸佛菩薩聖眾之後，再次懺悔無始以來的各種貪、瞋、嫉妒、傲慢之病，乃至各種邪見顛倒、追逐聲色、放逸無度、不孝五逆之病。此時，藥師佛為除眾生苦惱，入定放光，於光中演說陀羅尼神咒。咒一誦畢，大地震動，光明普照。眾生的一切病苦消除，安隱快樂。所以說，懺悔的功效，就是療癒諸病的靈劑，解脫生死的奇方。

懺文接著列舉各種法藥，很值得我們在此引述：「有大醫王，應病設藥。所謂慈悲喜捨是藥，忍辱柔和是藥，正信三寶是藥，勤修福慧是藥，六波羅蜜是藥，飽餐甘露是藥，貪求法味是藥，修真養氣是藥，返本還元是藥，有過能改是藥，善巧方便是藥，不動聲色是藥，清心斷欲是藥。常用如是

等藥擣篩和合，時取服之。眾生若病，應同一病。
眾生須藥。應同一藥。」

　　懺文最後以《法華經》一乘實相的角度來總
結。又以夢中患病，求醫服藥為譬喻，來說明夢醒
方知，本來無病。以此引導大眾明瞭，眾生之病，
如同幻病；而如來之藥，亦如幻藥。

　　這部《消災延壽藥師懺法》看似平易，在中卷
懺文裡，卻帶出了深刻法義，大大提昇藥師懺法的
效用層面。修行者或許是因為現實的病苦與災厄，
才進入壇場修持，希求現世安樂之果。然而隨著懺
文的引導，懺悔種種惡業果報之餘，卻能夠進入殊
勝的菩提大道，轉而發菩提心，為眾生修持六波羅
蜜。在生死大事之前，個人的苦厄相對之下不但變
得微不足道，反而更成為我們借假修真、藉事鍊心
的修持契機，開啟自癒利人的菩薩道。

正念療法

　　「正念療法」在當代，是一個熱門的關鍵詞。約莫十年前，喬・卡巴金博士（Dr. Jon Kabat-Zinn）所開發的「正念／覺察減壓」（Mindfulness-Based Stress Reduction, MBSR）被引入臺灣，吸引了大眾的注意，一時蔚為風潮。卡巴金最初在美國麻塞諸塞州大學（University of Massachusetts）的醫學中心開設此覺察訓練的課程，將它運用在緩解壓力、焦慮、憂鬱等症狀。他所設計的八週課程，訓練的重點在於對身體的覺知，進而安然地接受身心所感知的經驗，不加以無謂的評斷。這樣的訓練被認為不僅有助於減壓，還能增進情緒控制的能力，甚至增加幸福感，因而廣受歡迎。

　　這個源自於西方醫學的臨床實驗設計，雖擷取了佛教禪修訓練的部分概念與方法，卻是一種卸除了宗教脈絡的療法。在New Age盛行的西方社會，基本上並不違和。不過，當這套方法被引進臺灣以及亞洲等佛教文化、信仰盛行的國家時，佛教內部也就自然地出現各種正名與討論的聲浪。

正念之源

　　佛教傳統中的「正念」究竟所指為何？不同時期的佛教傳統，又是如何解釋正念的修持？對於一個佛教徒而言，是值得探究的課題。

　　初期佛教的教示中，佛陀最初講說苦、集、滅、道四聖諦，宣說應知苦、知苦集；進而修行趨往涅槃寂靜之道。所應修持之道，具體來說為「八正道」，亦即正見、正思、正語、正業、正命、正

勤、正念、正定。

　　八正道之首的正見——正確的見解，是指對因果、業報、無常、苦、空、無我等佛教義理的正確理解。在正見的引導下，繼而訓練正確的思維，亦即以「法」為核心的思維、分別或揀擇能力。有了正見與正思的基礎，行者在身、語、意三業上才易生起自律，於生活中時時自我警惕。只要有正當的語言、行為、心態，無論在家、出家，都能過著與「法」相符的生活。

　　再者，要持續維持與法相應的人生，是需要付出、要努力自我警策，也就是所謂正勤或正精進的發動。當這些條件都具足後，再進行正念的訓練，才能達到心的專一，開顯自性。

　　佛陀對於正念的訓練，有其他更具體的教導。那就是於身、受、心、法上的詳細觀察，也就是所謂「四念住」的練習：觀身不淨、觀受是苦、觀心

無常，以及觀法無我。四念住的練習，是從具體可見的身體開始，進而詳細體察身體的感官經驗，再進一步深入觀察抽象、微細的心的變化，最終體悟無我的實相，以解脫為目標。

從詞源的角度來分析，巴利語satipaṭṭhāna，常被翻譯為「念住」、「念處」或「意止」，常見的兩種解讀方式。一種是解讀為「念＋現起」（sati + upaṭṭhāna），也就是專注力的建立。另一種解讀是「念＋出發點」（sati + paṭṭhāna），也就是將注意力安置於特定目標。如上述的身念住，就是將念頭專注於身體這個具體的所緣，無論粗細，清楚明白身體的所有動作。

透過上述的溯源，我們就容易明白，為何當代的「正念療法」會在佛教內部引發熱烈討論了。解脫的終極目標與幸福感之間，實在有著相當大的落差與距離。不過，這落差對於非佛教徒來說，可能

並不重要。如果在臨床的運用上有效，能減緩了患者躁動不安的情緒，有何不可？平心而論，其實也並非所有的佛教徒都以解脫為目標，更遑論非佛教徒。佛陀一生的教學中，往往因聽者的根基不同，而有所變化。應病與藥，也是佛陀指導弟子對外弘法的原則。

　　在漢傳佛教的脈絡中，正念一詞也經常出現在祖師的註疏、開示中。在中文的語境下，正念如何被中國祖師所定義？他們傳遞了什麼樣的修行內涵呢？這些都是值得我們探索的面向。

　　以淨土法門為例，「臨終正念」是經常勸誡的重點，如隋朝章安灌頂的《國清百錄》；唐代道綽的《安樂集》、善導的《觀無量壽佛經疏》等著作裡，都以「臨終正念」來統攝往生淨土的關鍵。明清時期，臨終正念的開示更是大量出現。如本書之前提到的雲棲袾宏，常勸人於病中起修時，要提

起正念。又或者是，在命終的關鍵時刻，「預知時
至，身無一切病苦厄難，心無一切貪戀迷惑；諸根
悅豫，正念分明，捨報安詳，如入禪定」。從前後
文脈絡來解讀，這裡的正念除了有別於妄念、邪念
之外，更有將心專注於佛號這個所緣的意義。此
外，由上述引文也可清楚看出，正念分明所指的，
是心向內的專注狀況，因此說「如入禪定」，並非
僅只是覺察身體層面而已。

修持方法

　　明末佛教四大師之一的憨山德清（1546—
1623）圓寂之後，侍者將他的各類著作收編，出版
了《憨山老人夢遊全集》。從其中的數則書信，我
們可以看到有關正念的開示。這些內容有助於釐清
明末禪師在使用正念一詞時，所指為何，以及又是

如何指導正念相關的修持。

　　在〈答鄭崑巖中丞〉一文中，他明確地對正念做了定義：「所謂直心正念真如，正念者，無念也；能觀無念，可謂向佛智矣。修行最初發心要諦信唯心法門。佛說：『三界唯心，萬法唯識。』多少佛法，只是解說得此八個字分明，使人人信得及，大段聖凡二途，只是唯自心中迷悟兩路。」

　　憨山德清將佛法大要，收攝在「三界唯心，萬法唯識」八字中。他認為外在世界不過是內心攀緣外境，所變現出的百般風景。凡人會將這樣的認識視為實有、真實不變的事實，也導致遭逢因緣變異之際，各種不如意的煩惱油然而生。而心是否依外境隨波逐流，產生計較分別，就成了分判凡聖的關鍵。一般人總是將妄想當作真實，費盡力氣，在空花水月上，糾纏打轉。最後，不外是徒勞。

　　憨山德清單刀直入，以無念來定義正念。在

〈示盛蓮生〉中，也提到審思、諦觀心的方法。
他先引《圓覺經》中，所謂人身乃四大假合；一旦
四大分離，此虛妄色身便無了歸處，尋身不可得。
再者，轉為觀心，煩惱皆由妄想顛倒而起，本無生
處。「妄想不生，則念頓空。身心忽空，則一切煩
惱當下消滅，應念即入清涼極樂國矣。」這也呼
應了前文雲棲袾宏所倡導的「臨終正念」的往生
之法。

　　憨山認為這種觀法是脫苦妙藥，但也明白指出
它並不容易，因此他建議初學者「但將阿彌陀佛審
實話頭，切切不忘。若妄想起時，提起話頭一挼，
則妄想自滅」。這種將念佛乃至持咒，做為話頭的
修法，是明清時期盛行的一種新型修持路徑，充分
彰顯禪淨合流的彈性。

　　又在實修方面，憨山德清也建議：「今修行
人，但只一念，放下身心世界。單單提此一念向

前，切莫管他悟與不悟，只管念念步步做將去。若工夫到處，自然得見本來面目，何須早計？」

只要在日用一切處，能夠正念現前，而在一切時中，能不被外境因緣所羈絆，就可得大輕安、大自在。這種輕安自在，就是工夫得力的成果展現。更具體地說，憨山羅列了十條修行準則。他在〈示觀智雲禪人學道人〉一篇中明確指出：

第一、要看破世間一切境界，不隨妄緣所轉。

第二、要辦一片為生死大事，決定鐵石心腸，不被妄想攀緣，以奪其志。

第三、要將從前夙習惡覺知見，一切洗盡不存一毫。

第四、要真真放捨身命，不為死、生、病患、惡緣所障。

第五、要發正信正見，不可聽邪師謬誤。

　　第六、要識得古人用心真切處，把作參究話頭。

　　第七、要日用一切處，正念現前，不被幻化所惑，心心無間，動靜如一。

　　第八、要直念向前，不可將心待悟。

　　第九、要久遠，志不到古人田地，決不甘休，不可得少為足。

　　第十、做工夫中，念念要捨要休，捨之又捨，休之又休，捨到無可捨休，到無可休處，自然得見好消息。

　　禪門修持心法，貴在一心。用對方法，貫徹始終。只問初心，無問西東。

正念即無念

正念即無念之說，可回溯到更早的時期。唐朝華嚴學者李通玄（645－730），在他所作的《新華嚴經論・梵行品》中，就出現這樣的論述：「無念之念，名為正念；隨行無念，名為正念。」

無念，並非沒有念想、腦中一片空白的意思，而是指無分別念；又或者從參話頭的角度來說，就是指不起第二念的修持要旨。

元代中峰明本也在〈示琳上人病中〉一篇中，對心法的修持，有所演繹。他解釋說，學佛者，如果不能明究此心真義，那麼起心動念，都成病緣。佛法是治輪迴大病的藥方。他鼓勵學人將參話頭的方法用到底。雖然參話頭看起來好像索然無味，實際上卻是佛陀所祕傳的神藥。這帖妙藥，能起膏肓必死之病。服用此藥，來治生死大病，必然百發

百中。

　　如果有人質疑藥力，那是因為雜服了藥忌。是什麼樣的藥忌呢？

　　中峰明本說：「所謂忌者，即第二念是也。」他所指的第二念，是在離卻正念所參的話頭之外，在善、惡、悟、迷境上，微動心念。這問題的解方在於念念相續，無論安危、死生，都持守話頭到底，最終自然水到渠成。他曾生動地做了一首詩，將參禪要旨傳達地十分生動：

　　　參禪莫動念，念動失方便。
　　　取捨任情遷，愛憎隨境轉，
　　　野馬追疾風，狂猿攀過電，
　　　蘸唾捉蓬塵，癡心要成片。

活用之道

　　這裡筆者簡略地從少數幾位中國祖師的著作中，釐清中文語境下的正念意涵。漢傳佛教中的正念，有明確所指，也有具體的修持脈絡與方法。這種放下身心，單提一念的工夫，說來容易，但是對於心有千千結的芸芸眾生，卻絕非易事。不過，修行本來就不是請客吃飯，而是大丈夫、是勇士的行旅。

　　你我何其有幸，生在一個資訊流通便利且充足的世代。佛教三大傳統的修持法門，在臺灣這個小島上一應俱全。不同根器，不同習性的眾生，都不難在這蓬勃發達的宗教興盛地，找到相應的人生解藥與療方。

　　佛教是包容性極強的宗教，對不同的人有著不同的意義。有人從哲學入門，有人從感受法會儀禮

生信，有人以修持來安頓身心。無論以哪個佛教傳統的修持方法，做為行旅的倚靠，也無論追求的是現世安樂、人天果報或終極的解脫目標，這些都是個人的選擇；旁人並無置喙、評斷的餘地。

從弘揚教法的面向來看，佛法最終是向內探求的心法。以佛教之名的推廣教學，應有責任攤開修持全景圖，並明確解釋路上風光。要是不能釐清其中的區別，而又是一味隨俗而說，隨方便而用，就難免會有誤導之嫌，也失去了宗教的超越性，更與佛教的核心價值背道而馳。

南宋曹洞僧真歇清了曾作一偈：

訪舊論懷實可傷，經年獨臥涅槃堂。

門無過客窗無紙，爐有寒灰席有霜。

病後始知身是苦，健時多為別人忙。

老僧自有安閑法，八苦交煎總不妨。

　　最終，希望人人都能在多元的修持法門裡，找
到自己的安閒妙法，療癒身心。

般若方程式 19

漢傳佛教的療癒之道
The Path to Healing in Chinese Buddhist Practice

著者	梅靜軒
出版	法鼓文化
總監	釋果賢
總編輯	陳重光
編輯	張晴、詹忠謀
美術設計	賴維明
地址	臺北市北投區公館路186號5樓
電話	(02)2893-4646
傳真	(02)2896-0731
網址	http://www.ddc.com.tw
E-mail	market@ddc.com.tw
讀者服務專線	(02)2896-1600
初版一刷	2022年6月
建議售價	新臺幣290元
郵撥帳號	50013371
戶名	財團法人法鼓山文教基金會—法鼓文化
北美經銷處	紐約東初禪寺
	Chan Meditation Center (New York, USA)
	Tel: (718)592-6593　E-mail:chancenter@gmail.com

法鼓文化

國家圖書館出版品預行編目資料

漢傳佛教的療癒之道 / 梅靜軒著.
-- 初版. -- 臺北市：法鼓文化, 2022.06
　面；　公分
ISBN 978-957-598-958-3(平裝)

1.CST: 佛教 2.CST: 醫學

220.16　　　　　　　　　　　　111005178